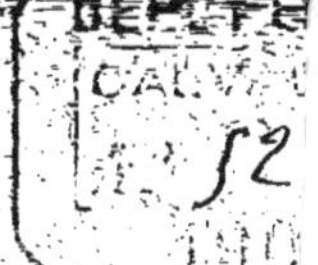

THÉORIE

de

L'ASSURANCE SUR LA VIE

Au point de vue juridique

PAR

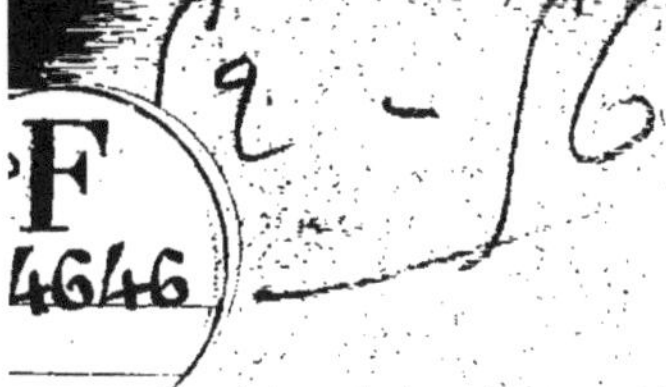

Xavier LARÈRE

Docteur en droit

CAEN

Imprimerie Charles VALIN

7 ET 9, RUE AU CANU, 7 ET 9

—

1903

THÉORIE

DE

L'ASSURANCE SUR LA VIE

Au point de vue juridique

[illegible]

THÉORIE

de

L'ASSURANCE SUR LA VIE

Au point de vue juridique

PAR

Xavier LARÈRE

Docteur en droit

CAEN

Imprimerie Charles VALIN

7 ET 9, RUE AU CANU, 7 ET 9

—

1903

INTRODUCTION

L'assurance apparaît comme un rempart
dressé par l'homme contre les risques qui
le menacent. Ces risques sont de toute nature :
le naufrage qui surprend le navire, le feu qui
détruit les bâtiments, la grêle qui fait périr les
récoltes, la maladie, les infirmités, la mort, qui
peuvent mettre obstacle aux entreprises de
l'homme.

Si le risque menace notre existence, il est
possible d'en atténuer les effets par la prévoyance. Tantôt la prévoyance sera toute-puissante ;
elle empêchera la survenance même du risque,
tantôt elle viendra réparer le désastre qu'il
entraîne : c'est le but de l'assurance, qui est
avant tout réparatrice.

La mort, par exemple, est inévitable ; mais
elle surprend toujours, et bien des pères de
famille sont frappés, sans que leur œuvre soit
achevée, et disparaissent, laissant leur femme
et leurs enfants dans la gêne, sinon dans la
misère. S'il est impossible de se soustraire à la
mort, il est parfaitement possible de compenser

les funestes effets qu'elle entraine, pour ceux auxquels elle ravit leur soutien.

Celui qui contracte une assurance sur la vie prévoit les conséquences de son décès.

Mais par quels moyens peut-il le faire? Comment l'assurance sur la vie procède-t-elle pour réaliser cette compensation pécuniaire? Au moyen de la mutualité, en réunissant dans une vaste association les individus soumis aux mêmes risques, de telle sorte que les risques se trouvent répartis entre eux, et que ce qui eût été lourd pour un seul devient léger pour la collectivité.

Pour être juste et équitable, cette répartition doit être exactement proportionnée à la part de risques que chacun met à la charge de la collectivité ; cela ne peut se faire qu'au moyen de la statistique et du calcul des probabilités. L'on peut donc définir l'assurance sur la vie : la compensation pécuniaire des effets de la mort sur le patrimoine de l'homme au moyen de la mutualité, organisée selon les lois de la statistique. Compensation d'un risque, compensation pécuniaire des effets de la mort, mutualité, statistique et calcul de probabilités : tels sont les éléments divers et primordiaux qui servent de base à l'assurance sur la vie.

C'est donc une institution complexe qui ne peut atteindre un entier développement qu'avec une civilisation avancée.

C'est seulement dans notre siècle que nous avons connu en France l'assurance sur la vie telle qu'elle fonctionne actuellement; mais cela ne signifie pas que l'assurance sur la vie ne doive pas être examinée au point de vue historique; tout au contraire, l'étude historique de cette institution est intéressante, en ce qu'elle nous montre comment les divers éléments qui composent l'assurance sur la vie tendent, à travers les siècles, à s'unir les uns aux autres pour former l'institution complète.

Nous allons donc étudier l'évolution de cette institution, tant dans la législation ancienne que dans les législations modernes.

HISTORIQUE DE L'ASSURANCE SUR LA VIE

ANTIQUITÉ

On a prétendu que l'assurance sur la vie avait ses origines dans l'antiquité la plus reculée. Existait-elle chez les Juifs, les Assyriens et les Egyptiens ? Cela est possible ; mais la rareté de documents, qui autorise toutes les hypothèses, interdit toute affirmation, et ne permet pas de faire l'honneur à ces peuples d'avoir introduit cette institution.

Les documents, tout au contraire, ne manquent pas, en Grèce et à Rome, en ce qui concerne l'assurance sur la vie.

GRÈCE. — En Grèce, l'État se charge de la famille des citoyens qui sont morts pour la patrie, et dote la fille d'Aristide [1].

Ce sont là des mesures sur lesquelles nous n'insisterons point. Retenons toutefois que les Grecs avaient la notion du risque, connaissaient pratiquement le prêt à la grosse sous le nom de

---

1. LEBAS, Paris 1830, p. 406.

Ναυτικον δάνεισμα [1], et que, chez eux, florissaient de puissantes associations : les Thiasses et les Erannes ; mais qu'ils ignoraient l'assurance sur la vie. Cela tient à ce qu'ils ne connaissaient point la science de la statistique, sans laquelle l'assurance sur la vie n'est pas possible.

Ceci nous explique que, pas plus que les Grecs, les Romains ne connurent cette institution dans son complet développement.

Les Romains ont, il est vrai, de bonne heure, connu la théorie générale du risque dans les contrats, et dégagé nettement le principe d'après lequel doivent être réparties les pertes et les détériorations d'un objet dans un contrat.

A côté de la théorie générale, les Romains connaissent un contrat spécial dont le risque semble former un élément constitutif : c'est le *nauticum fœnus*. En effet, cette institution a été imaginée contre le risque de mer ; le prêteur avance une somme d'argent qu'il perdra en cas de naufrage, mais qu'il recouvre avec bénéfice au cas où l'opération maritime a réussi. Ce bénéfice, que l'on appelle *pretium periculi*, est précisément le prix du risque. Le *nauticum fœnus* contient donc au moins un des éléments de l'assurance, « le risque ». Est-ce une assurance ?

---

1. Parrocel, *De l'assurance en droit romain*, p. iii. — Lefort *Traité theorique et pratique de l'assurance sur la vie*, i, *p*. 32.— Gaius, ii, 232.

Non ; c'en est le renversement. En effet, l'assurance a pour but de réparer les pertes qu'occasionne le risque, et doit être payée au cas où le risque s'accomplit. Dans le *nauticum fœnus*, au contraire, on verse une prime quand le naufrage ne s'accomplit pas. Il n'y a donc qu'un point de contact entre l'assurance et le *nauticum fœnus*, l'idée de compensation d'un risque.

Cette idée, d'ailleurs, se rencontre dans une autre institution romaine, la *Societas omnium bonorum;* nous y voyons des associés qui mettent en commun tous leurs biens présents et à venir ; chacun consent à donner à ses co-associés un droit sur ses biens propres, et à en recevoir un sur les leurs, à condition de ne pas se trouver sans ressources si le malheur voulait qu'on vînt à perdre sa fortune ; c'est le but de la société de tous biens, celle qui ressemble le plus à notre contrat d'assurance.

L'assimilation toutefois n'est pas complète : la notion romaine de la *Societas bonorum* ne comporte qu'un des éléments de l'assurance sur la vie, à savoir, le risque ; somme toute, les Romains ont compris qu'il était bon de se prémunir contre deux risques fréquents et particulièrement dangereux, la ruine et le naufrage.

Ils connaissaient d'ailleurs d'autres spéculations qui se rapprochent de l'assurance sur la vie, spéculation sur la vie des hommes libres

et rentes viagères; cela fait croire que la notion
de mutualité ne leur était pas étrangère, bien
qu'elle ne prît pas chez eux les formes multiples et variées qu'elle revêt dans les législations
modernes.

C'est ainsi qu'ils connaissent les *collegia*
fondés dans un but religieux. — Les plus im-
portants sont les associations funéraires, qui
ont pour but d'assurer une sépulture convenable
à chacun des associés.

Ces collèges étaient-ils de véritables associations mutuelles? C'est le sentiment de Boissier et de Marquardt[1], et cette opinion est à
peu près définitivement établie de nos jours;
les associations militaires qui garantissaient les
soldats contre le risque de mort, les associations de chrétiens qui, selon Tertullien, ont pour
but « de donner du pain aux pauvres, de les
« ensevelir, d'élever les orphelins des deux
« sexes, de secourir les vieillards », semblent
bien organisées avec l'idée de mutalité.

La compensation du risque, la mutualité
sont donc connues des Romains. Connaissent-
ils l'assurance sur la vie? Nous ne le croyons
pas. — Sans doute Emerigon a essayé de re-
trouver dans certains textes l'idée d'assurance.

---

1. Boissier, *Revue des Deux-Mondes*, 1er décembre 1874. — Marquardt, *Manuel des antiquités romaines*, trad. franç.. xii, i, p. 169. —
Tite-Live, livre xxiii, n° 429.

A. — Lors de la guerre punique, la Répu-
blique garantit aux entrepreneurs chargés du
transport des munitions, des indemnités au
cas de perte occasionnée par l'ennemi ou la
tempête.

B. — Lors d'une disette, l'empereur Claude
facilite l'importation des grains en garantissant
les risques survenus par tempêtes. — Ce sont
là des mesures politiques qu'il est impossible
d'assimiler à l'assurance sur la vie [1].

Les Grecs et les Romains manquaient d'un
élément essentiel à l'institution : « la connaissance de la statistique [2]. »

Sans doute, les poètes se sont préoccupés
des coups de la mauvaise fortune :

« Frange toros. pete vina, rosas carpe, ungere nardo,
« Ipse jubet mortis te meminisse deus. »   (MARTIAL).

Mais chez eux, la propriété principale, celle
du sol, offre une grande stabilité, c'est à peine
s'ils connaissaient l'instable propriété mobilière;
par suite, l'assurance sur la vie ne se fait pas
sentir chez eux comme un véritable besoin. Ils
ont en germe l'institution ; elle se réalisera
vingt siècles plus tard.

1. SUÉTONE, livre v, n° 21.
2. Toutefois, Ulpien connaissait les tables de mortalité.

MOYEN AGE

———

Comme le droit romain, le moyen âge connaît la mutualité : il recueille du droit romain
la théorie de la compensation des risques; mais
il la manifeste d'une façon beaucoup plus sen-
sible, et la fait aboutir enfin à l'assurance
maritime.

D'autre part, bien plus que le droit romain,
il connaît les spéculations sur la vie humaine ;
dans la période qui s'étend du commencement
du moyen âge à la fin du XVII\ siècle, il existe
une sorte de fièvre de spéculation sur la vie
humaine. Un moment, il semble que l'on touche
à l'assurance sur la vie ; mais la passion du jeu
et du pari font disparaître l'esprit de prévoyance,
et le législateur édicte des prohibitions qui, tout
en ayant pour but de refréner les spéculations,
sont sur le point d'atteindre l'assurance sur
la vie.

SECTION Ire

Le moyen âge connaît l'idée de mutualité

L'esprit d'association est prédominant au moyen âge. A aucune autre époque, on n'a recherché avec autant d'insistance la force dans l'union.

Les pauvres et les faibles se groupent autour des forts et des riches, puis se groupent entre eux pour éviter la misère, la maladie, les accidents. Parmi ces associations, les plus intéressantes sont les gildes et les corporations.

La Gilde. — D'origine germanique, la Gilde s'étend en Allemagne, Suède, Norvège, Pays-Bas, Flandre, nord de la France et Angleterre. Quel est son rôle ? Elle a pour but d'unir plusieurs individus en une association : chaque membre paie une cotisation en argent, et, si l'un des sociétaires tombe malade, on lui procure les secours nécessaires. S'il meurt, l'on paie ses funérailles ; parfois, on constitue des dots à ses filles, et, s'il s'est tué, même par imprudence, ses parents obtiennent une indemnité.

Corporations. — Au XIVe siècle, les Corporations fonctionnaient comme les Sociétés de secours mutuels, garantissant leurs membres contre la maladie, les infirmités, les accidents et secourant les vieillards.

A côté des Gildes et des Corporations, la mutualité se manifeste au moyen âge dans le compagnonnage, société qui permet aux apprentis de se perfectionner dans leur métier en faisant le tour de France [1].

« Si un compagnon meurt, dit Agricol Per- « digier, la société lui rend le dernier service « en l'accompagnant jusqu'à sa tombe, et au « bout d'un an, son souvenir est rappelé à la « mémoire de ses frères. »

SECTION II

Le moyen âge connaît l'idée de la compensation des risques

Si les Romains avaient une idée assez vague du risque dans les contrats, le moyen âge l'a précisée, et a compris que le risque à lui seul pouvait faire l'objet d'une convention ; cette convention, c'est l'assurance.

Dès le VIe siècle, nous voyons en Orient l'assurance mutuelle pratiquée pour la navigation au golfe Persique [2].

1. Agricol Perdigier cité par Gilly *Les sociétés de secours mutuels*, p. 37. — Voir l'int. roman de George Sand, *Les compagnons du tour de France*.

2. LEMONNIER, *Commentaires sur les principales polices d'assurances maritimes en France*, I, p. 43 et s. — BOSREDON, *Histoire de l'assurance sur la vie*, Bordeaux, 1900.

Le consulat de la mer [1] nous fait connaître une pratique généralement adoptée dans la Méditerranée, et consistant dans la stipulation d'une communauté de risque entre les chargeurs et propriétaires d'un même navire.

Après les Croisades, la mutualité fut remplacée par l'assurance maritime, laquelle naquit par suite des exigences de la pratique ; il semble bien que l'assurance maritime existait en Italie dès le début du XVᵉ siècle, comme le prouvent des documents découverts dans les archives de Gênes et de Florence ; d'après Bensa [2], la première apparition de l'assurance mutuelle a eu lieu vers 1383. D'Italie, l'assurance se répand dans tous les pays d'Europe.

Au XVIᵉ siècle, elle est d'un usage courant.

L'idée de l'assurance, admise dans l'une de ses manifestations, l'assurance maritime, n'aurait point dû tarder à faire naître toutes les autres, en particulier l'assurance sur la vie. Mais celle-ci se produisit avec un mauvais aspect ; elle prit le caractère d'une spéculation sur la vie humaine, d'une opération de jeu et de pari, ce qui la fit considérer comme immorale par le le législateur et finalement condamner.

1. Pardessus, *Collection des lois maritimes antérieures au XVIIIᵉ siècle*, II, cxxii.
2. Bensa, *Op. cit.*, Introd., p. 10.

SECTION III

Spéculations sur la vie humaine

Le droit Romain connaissait ces sortes de spéculations [1]. Le moyen âge suivit en cela les errements du droit Romain ; mais il est à remarquer que les spéculations du moyen âge sur la vie humaine présentent un caractère particulier au point de ressembler presque à l'assurance sur la vie.

Les premières personnes dont on eut l'idée d'assurer la vie furent les esclaves ; ceux-ci, considérés comme de vraies marchandises, étaient soumis à la même garantie : lorsqu'on embarquait des marchandises sur les navires, on les assurait contre le risque de mer ; l'idée dut venir naturellement d'assurer contre ce risque les esclaves eux-mêmes. Ce n'est là, si l'on veut, qu'une assurance maritime ; mais toutefois c'est un commencement d'assurance

---

1. On pourrait en trouver une preuve dans leurs contrats de rente viagère et *de societates omnium bonorum* : on en rencontre également une autre preuve dans la possibilité d'une stipulation *cum moriar* ; d'après cette stipulation, le débiteur s'engageait à payer une certaine somme aux héritiers du stipulant, à la mort de ce dernier. Une semblable stipulation était considérée comme valable, de même d'ailleurs que l'on admettait la stipulation *cum morieris* (L 68, **Dig.**, 35, 2.) V. ld., Martial Bosredon, *Op. cit.*, p. 13.

sur la vie, puisque le risque consiste dans la
mort de l'esclave. Des esclaves, l'assurance sur
la vie s'étendit à d'autres personnes, et particulièrement aux femmes en état de grossesse.
L'on assura les femmes contre le risque de mort
provenant de leur état. Il est possible que,
comme le soutient Bensa[1], l'on ait voulu d'abord
appliquer ce genre d'assurance aux seules
femmes esclaves, mais peu à peu, cette assurance cessa de leur être absolument spéciale.
L'on trouve des exemples de contrats du
même genre, visant des personnes libres. C'est
ainsi que le 10 avril 1427, un mari assure la vie
de sa femme, alors enceinte de 8 mois, contre
les dangers de sa grossesse. Lucas Gentile stipule de quatre personnages le paiement d'une
somme de 600 florins pour le cas où sa femme,
alors enceinte de 8 mois, viendra à décéder des
suites de sa grossesse ; il donne en échange une
certaine quantité de marchandises à ceux qui
contractent avec lui[2].

Cette opération, envisagée du côté du stipulant, se présente sous la forme d'une assurance.
Lucas a intérêt à la vie de sa femme ; or, sa
femme est actuellement exposée aux accidents
de la grossesse ; il préfère, contre un sacrifice

1. BENZA, *Op. cit.*, p. 30 et s.
2. *Vid.* BOSREDON, *op. cit.*

immédiat, mais faible, se constituer une indemnité pour le cas où le risque viendrait à se réaliser.

C'est un acte de prévoyance, élément essentiel de l'assurance. Ce n'est point une assurance véritable, car la prime est arbitrairement fixée sans le secours d'un calcul de statistique. D'autre part, les personnes qui prennent le risque à leur charge, ne sont point de vrais assureurs.

1° Ils ne forment point une association ;

2° Ils spéculent sur un cas particulier et non sur un ensemble de risques.

Quoi qu'il en soit, la police d'assurance de Lucas Gentile est le plus ancien document où se manifeste à l'éta embryonnaire, l'assurance sur la vie.

En Angleterre et en Italie, l'on connaissait, au XV° siècle, l'assurance sur la vie, mais l'on ne la pratiquait point comme nous la pratiquons aujourd'hui. L'ignorance de la statistique et du calcul des probabilités, la situation précaire ou se trouvaient beaucoup de personnes, enfin la la fréquence des épidémies, tout cela ne constituait pas précisément le milieu propice à l'assurance sur la vie.

Les Gageures et les Tontines qui, à cette époque remplacent l'assurance, n'en sont que la caricature, et, loin d'aider à son affermissement, retardent son éclosion pour un plus long temps.

La spéculation qui s'était manisfestée dans l'assurance maritime, se manifeste aussi dans l'assurance sur la vie ; des paris furent faits sur l'existence de ceux qui étaient en danger de mort ; à Londres, la vie des hommes politiques, celle en particulier de sir Robert Walpole fut assurée à différentes époques; l'on pariait sur la tête des rois et des empereurs, sur celle du souverain pontife, sur celles des cardinaux, etc., etc.

En Angleterre, l'assurance ne fut point étouffée par la spéculation, elle apparut au XVIIe siècle dans sa forme véritable. Mais, ailleurs, la spéculation arriva à un si haut dégré que les lois, les coutumes, les statuts depuis la rote de Gênes (1588), jusqu'à l'ordonnance française de 1682, prohibent du même coup la gageure et l'assurance sur la vie [1].

---

1. Voir l'ordonnance de 1681, titre vi, liv. iii, art. 10.

XVIIIᵉ SIÈCLE

C'est au XVIIIᵉ siècle qu'apparaît pour la première fois, sous son véritable aspect, l'assurance sur la vie; l'idée de compensation des risques et l'idée de mutualité qui, jusque-là, ont été séparées, vont se réunir; d'autre part, la science de la statistique et celle du calcul des probabilités va s'ébaucher, donnant ainsi une base certaine au contrat d'assurance sur la vie.

Par malheur, les spéculations et gageures l'entraveront dans son développement. En Angleterre, sans doute, on marchera délibérément dans la voie nouvelle de l'assurance sur la vie, mais en France elle ne fera qu'une courte apparition et sera de nouveau rejetée.

SECTION 1ʳᵉ

Dans la première moitié du XVIIIᵉ siècle, les deux idées de mutualité et de compensation des risques se soudent; dans la seconde moitié, apparaissent les Compagnies d'assurances.

En 1754, au témoignage de Pothier, [1] il existe
en France deux Compagnies d'assurance maritime et une Compagnie d'assurance générale.
Le banquier Law [2] essaye de faire entrer l'idée
d'assurance dans ses combinaisons financières.
En somme, le XVIIIe siècle connaît, sans nul
doute, l'assurance en général.

S'il n'admet point encore d'une façon particulière la validité de l'assurance sur la vie, ce
n'est point qu'il soit incapable d'en concevoir le
mécanisme, mais c'est qu'il y voit une de ces
spéculations immorales, dangereuses, qu'il faut
à tout prix prohiber. « Il est contre la bienséance
« et l'honorabilité publique, dit Pothier, de
« mettre à prix la vie des hommes ; la vie d'un
« homme libre n'est point un objet que l'on
« puisse estimer et ne peut, par conséquent,
« être susceptible du contrat d'assurance. »
C'est aussi l'avis de Valin [3] et d'Emérigon [4] ;

1. POTHIER. — *Traité du contrat d'assurance*, chap. I, section Ire.
L'une de ces Compagnies porte comme exergue: *ventos frenat et ignes*,
Compagnie d'assurance générale. 1754. »

2. Law avait rêvé une curieuse application du principe de l'assurance dans l'une de ses combinaisons financières; en 1720, la Compagnie
des Indes demanda au gouvernement l'autorisation de faire à ses
actionnaires un appel de 3.000 fr. par action : on devait payer 3 0/0 de
dividende à ceux qui verseraient les fonds, et ce dividende aurait été
garanti par une société d'assurance formée entre les principaux
actionnaires.

3. VALIN. — *Commentaire sur l'ordonnance de la marine*, liv. III
tit. VI, art. 10.

4. EMÉRIGON. — *Traité d'assurance et contrats à la grosse.*
ch. VIII.

c'est enfin l'opinion de l'ordonnance de 1684.
En raisonnant ainsi, les jurisconsultes français
commettaient une erreur manifeste. La vie
humaine est un capital comme un autre,
l'existence représente une valeur pécuniaire.
Mais cette erreur était communément partagée ;
toutefois, certains auteurs, s'inspirant des doc-
trines italiennes, notamment de Scaccia, admet-
taient la possibilité d'assurer la vie des personnes. D'ailleurs, la législation du XVIIIᵉ siècle
elle-même ne considérait pas comme immorale
toute spéculation sur la vie, puisqu'elle admettait
la pratique des rentes viagères et des tontines.

SECTION II

Spéculations sur la vie humaine

Il y en a deux grandes formes : les rentes
viagères et les tontines. Nous connaissons
déjà la rente viagère ; elle existait avant le
XVIIIᵉ siècle, mais elle prend en ce siècle un
nouvel aspect ; elle pénètre dans le domaine
public sous l'aspect de l'emprunt, témoin les
emprunts de Pontchartrain et de Necker [1]. Les

1. La première émission des rentes viagères par le gouvernement
date de 1693, sous le ministère Pontchartrain. En 1758, on en créa sur
deux têtes, puis en 1779 et en 1781, sur trois et quatre têtes. Sous le

tontines revêtent le premier caractère, l'emprunt public ; la tontine est l'antithèse absolue de l'assurance sur la vie : elle consiste dans la réunion de plusieurs personnes qui mettent en commun un fonds qui sera réparti à une certaine époque entre les survivants, sous forme de rente viagère ou de capital ; elle n'a donc point le caractère de prévoyance : « elle est née avant l'assurance sur la vie, comme l'astrologie avant l'astronomie et l'alchimie avant la chimie ».

La pensée de son créateur, Lorenzo Tonti, était de faciliter l'emprunt public ; Mazarin Pontchartrain, Necker, le comprirent, et la tontine sortit du domaine privé pour entrer dans le domaine public.

SECTION III

Calcul des probabilités et statistique

Les spéculations sur la vie humaine eurent un bon côté : elles donnèrent naissance au calcul des probabilités de vie et de mort, et par là, donnèrent occasion à la statistique de s'affer-

ministère de Necker, on fit l'emprunt viager dit des « sept têtes genevoises », qui reposait sur sept têtes choisies. Mais, emprunt public ou spéculation privée, les rentes étaient constituées à des taux qui témoignaient encore d'une grande ignorance des lois de la mortalité. Le gouvernement français renonça à ce mode d'emprunt à partir de la Révolution.

mir. C'est en effet seulement par la statistique
que l'on arrive à déterminer le risque de mort,
c'est-à-dire les lois suivant lesquelles la mort
atteint une collectivité d'individus. Pascal et
Christian Huyghens, les premiers, donnèrent la
théorie du calcul des probabilités ; après eux,
Kerseboom, Dupré de St-Maur, établirent plus
fermement encore les règles de la statistique.

SECTION IV

*Assurances sur la vie à l'étranger et en France au
XVIIIe siècle*

Les pays étrangers profitèrent les premiers
de ces travaux. Restée en dehors du mouve-
ment à peu près universel qui prohibait les
gageures sur la vie, l'Angleterre vit rapidement
se développer chez elle l'assurance sur la vie.
Dès 1696 fut organisée la Société des Merciers.
En 1706 s'établit la nouvelle assurance : *the
new insurance office upon the lives of men, women
and children*. L'évêque d'Oxford fonde la même
année l'*Amiable Society*, et, après l'établissement de cette institution, les assurances se
multiplient. Encore imparfaites jusqu'en 1762
parce que la statistique n'était pas parfaitement
connue, elles acquirent une base plus certaine

en 1762, époque à laquelle se fonde la société mutuelle l'*Equitable*. Malheureusement, on voulut faire de l'assurance un instrument dé jeu et de pari; on paria sur tout, sur l'issue d'un négoce, la durée d'une agonie, les chevaux; on joua même sur le divorce probable; pour empêcher des abus, le *Gambling act* intervint et réglementa l'assurance sur la vie [1].

L'Italie connut aussi la pratique de certaines opérations qui se rapprochent beaucoup de l'assurance sur la vie; mais plus encore qu'en Angleterre, elle dégénérèrent en spéculation et se rapprochèrent des tontines. — La France connut beaucoup plus tard l'assurance sur la vie : le terrain était pourtant favorable, grâce aux travaux de Deparcieux; de plus, les risques maritimes étaient exploités ; enfin, l'on s'habituait peu à peu à la spéculation sur la vie des hommes. Toutes ces bases étaient excellentes; l'assurance sur la vie se fût développée rapidement, si la Révolution n'était venue en empêcher l'éclosion.

1. Lefort, *Op. cit*, i, p. 25 et s.

RÉVOLUTION — EMPIRE — RESTAURATION

L'assurance sur la vie disparaît sous la Révolution, en laissant subsister les spéculations sur la vie et en particulier les tontines. En Angleterre, l'assurance régulière continue sa marche en avant ; les États-Unis imitent cet exemple. Enfin, après les orages subis par l'institution dont nous nous occupons pendant la période révolutionnaire et l'époque impériale, l'assurance sur la vie s'introduit définitivement en France en 1819, époque à laquelle se fonde la Compagnie d'assurances sur la vie des hommes.

SECTION Ire

Spéculation sur la vie humaine, disparition de l'assurance

La Compagnie royale, la première des Compagnies d'assurances françaises, dont Louis XVI avait autorisé la création en 1786, et qui, dès son début, avait eu d'excellents résultats, trouva sous la Révolution des adversaires acharnés [1].

---

1. La Compagnie royale faisait, non seulement des assurances contre l'incendie, mais encore l'assurance sur la vie. Un arrêt du Conseil du 3 novembre 1787 l'y avait autorisée. (*Vide* BOSREDON, p. 70.)

La Constituante la réprouva par l'organe de Mirabeau [1].

La Convention, sur la proposition de Cambon, édicta des mesures de rigueur contre toutes les sociétés financières en général. Voulant frapper toutes les associations en faveur du crédit public, elle supprima les Compagnies d'assurances sur la vie par trois décrets : an II, 13 prairial; an II, 9 fructidor ; an III, 29 ventôse; mais elle laissa subsister les tontines.

Deux souscriptions, l'une en 1792, l'autre en 1793, donnèrent à la caisse Lafarge plus de 60 millions. Cela montre le succès énorme de ces sortes d'institutions, qui allèrent toujours en se développant, et qui, vers 1808–1809, avaient acquis une importance tout à fait exceptionnelle [2].

SECTION II

Assurance sur la vie à l'étranger

ANGLETERRE. — Tandis que la France substituait la tontine à l'assurance sur la vie, l'Angleterre conservait cette dernière institution. Le *Gambling Act* de 1774, sorte de bill motivé

---

1. HAMON, *op. cit.*, p. 42.
2. *Dict. franç.*, Léon SAY, v° *Tontines, Caisse* LAFARGE — *Dict. d'écon. polit.* de COQUELIN et GUILLAUME, v° *Tontines.* — D. *Rép.*, v° *Tontines.*

par le besoin de réglementer l'assurance l'Équitable, avait soustrait l'assurance à l'agiotage et à la spéculation ; depuis lors, elle se développa normalement, et ses progrès furent toujours croissants [1].

L'Équitable, fondée en 1735, obtint de magnifiques résultats. En 1806, une nouvelle société, *The Roch,* donna une nouvelle impulsion à l'assurance ; bref, en 1816, il y avait en Angleterre 15 compagnies d'assurances sur la vie, soutenues et encouragées par le gouvernement, à tel point que William Pitt [2] voulut les exempter de l'impôt.

ALLEMAGNE. — Le Code de droit commun *Algemeines Landrecht,* promulgué en 1791, consacre plusieurs de ses articles à l'assurance sur la vie ; mais les compagnies d'assurances ne répondirent pas immédiatement à l'appel du législateur. En 1806, Renecke fonda à Hambourg la première compagnie, qui, d'ailleurs, fut liquidée en peu de temps. L'on adopta définitivement l'assurance sur la vie en Allemagne en 1828.

1. BOSREDON, p. 80.

2. William Pitt manifeste à la Chambre des communes son intention d'exempter de l' *Income tax* une portion du revenu de ceux qui ont recours à cette méthode facile, sûre et avantageuse de pourvoir à l'avenir de leur famille, qui consiste à s'assurer sur la vie, portion qui serait précisément égale à celle qu'ils consacreraient à l'assurance.

Etats-Unis. — Dès 1769, les États-Unis connurent, par l'intermédiaire de l'Angleterre, l'idée de l'assurance sur la vie ; mais cette idée ne prit pas corps et ne se réalise qu'en 1812, époque à laquelle se fonda la *Pensylvania*, qui exploitait exclusivement le risque humain [1].

SECTION III

Apparition de l'assurance sur la vie en France

La France ne pouvait longtemps rester en arrière. Dès 1810, réagissant contre les préjugés de la Convention, une assurance s'était fondée contre le risque de grêle : cela était une pierre d'attente, et bientôt d'autres sociétés apparurent à la suite de celle-ci. C'est ainsi que l'on vit surgir successivement la Société d'assurance mutuelle de la ville de Paris et la Compagnie d'assurance contre l'incendie, puis la Compagnie d'Assurances générales et le Phénix, toutes les deux aussi contre l'incendie.

La naissance de l'assurance sur la vie présenta plus de difficultés. En effet, l'ordonnance de 1681 la prohibait formellement, et de plus, le Code de commerce ne rejeta pas cette prohibition. Dans les travaux préparatoires, Portalis

1. Chaufton, *op. cit.*, t. i. — Lefort, *op. cit.*, t. 1, p. 72.

avait dit : « Les espèces de pactes sur la vie et
« la mort d'un homme sont odieux, et ils ne
« peuvent être sans danger. La cupidité qui
« spécule sur les jours d'un homme, est bien
« souvent voisine du crime qui les abrège. »

Toutefois, par une contradiction inexplicable,
Portalis admettait la rente viagère, ce qui montre bien que, s'il était adversaire de l'assurance
sur la vie, c'est qu'il était encore imbu des
préjugés des ordonnances de 1681 à son
égard.

Quoi qu'il en soit, ni le Code civil ni le Code
de commerce ne prohibent formellement ni ne
reconnaissent l'assurance sur la vie.

Quelques esprits d'élite qu'hypnotisaient les
progrès accomplis à l'étranger, sollicitèrent du
gouvernement l'autorisation d'établir des compagnies d'assurances. Consulté par eux, le
Conseil d'Etat répondit : « Considérant que ce
« genre de contrat peut être assimilé aux con-
« trats aléatoires que permet le Code civil; qu'il
« est même plus favorable que la rente viagère,
« puisque celle-ci est trop souvent le résultat de
« l'égoïsme, tandis que l'assurance naît tou-
« jours d'un sentiment généreux..., est d'avis
« que l'engagement de payer une somme déter-
« minée au décès d'un individu, moyennant une
« prestation annuelle à faire par cet individu,
« peut être autorisé, mais qu'il ne doit pas être

« permis d'assurer la vie d'autrui sans son con-
« sentement. »

Cet avis formel permit à la Compagnie d'Assurances générales de se constituer : désormais, le principe de l'assurance était admis ; il ne reste plus à connaître que son développement en notre siècle.

SECTION IV

Développement de l'assurance sur la vie

L'assurance eut des débuts modestes ; les auteurs la combattaient : Boulay-Paty et Favart da Langlade qualifient l'opération de honteuse, mais Toulier répond à ses reproches, et, d'autre part, Duvergier et Quénault admettent la régularité absolue de cette sorte de convention. Soutenus par les appréciations bienveillantes de ces derniers auteurs, les assureurs n'hésitèrent plus à se lancer dans la lutte pour la prévoyance.

Les Compagnies l'Union, la Royale, la France, la Foncière, le Nord, la Centrale, la Métropole, la Providence, etc., etc., s'organisèrent.

Une campagne de presse habilement menée par Reboul, de Courcy, About, Michel Chevalier, etc., propage de plus en plus l'idée d'assurance ; l'anathème de Dupin reste sans écho ;

le *Moniteur des Assurances*, le *Journal des Assurances* se fondent.

Si bien qu'en 1880, la lutte est définitivement gagnée; l'assurance sur la vie atteint son plein épanouissement. De nos jours, l'assurance est complètement entrée dans les mœurs, des cracks retentissants et scandaleux n'ont pu y porter atteinte: l'assurance a dorénavant cause gagnée.

Nous allons étudier cette institution si importante, d'abord, au point de vue de sa nature juridique; nous verrons ensuite quels sont les effets du contrat d'assurance **sur la** vie entre les parties, puis au point de vue des tiers :

1° Nature juridique de l'assurance sur la vie;

2° L'assurance sur la vie entre les parties;

3° L'assurance sur la vie au point de vue des tiers.

LIVRE Ier

Nature juridique de l'assurance sur la vie

Les définitions que l'on a données de l'assurance sur la vie sont fort diverses. Alauzet dit [1] : « L'assurance sur la vie est un contrat par lequel une partie prend à sa charge, moyennant un prix convenu, les risques de la chose d'autrui, et s'engage à indemniser l'autre contractant de la perte ou des dommages qui peuvent résulter d'événements fortuits ou de force majeure.

M. de Montluc, reproduisant la définition de Charles Elliot, dans son traité *The law of fire and life insurance* (1838), dit : « L'assurance sur la vie est un contrat par lequel les assureurs s'engagent, moyennant une somme consistant en un capital une fois payé ou, ce qui est plus commun, moyennant un paiement

---

1. *Droit com..* p. 171.

annuel, à payer à celui dans l'intérêt duquel l'assurance est faite ou à son ayant cause , soit une somme, soit une rente à la mort de l'assuré, à quelque époque qu'elle ait lieu, s'il s'agit d'une assurance sur la vie entière; ou, s'il s'agit d'une assurance pour un certain nombre d'années, au cas où la mort surviendrait dans l'intervalle. »

Cet exemple suffit à nous montrer que, dans leurs définitions de l'assurance sur la vie, les auteurs se préoccupent avant tout d'énumérer les effets de ce contrat , sans chercher à trancher les controverses qui ont pu s'élever sur sa nature juridique.

D'ailleurs, ce n'est pas une tâche facile que celle de déterminer quelle est exactement la nature juridique de l'assurance sur la vie. Ce contrat n'a point été imaginé par le législateur; c'est une institution faite pour ainsi dire de pièces et de morceaux, tout entière créée par des praticiens, les assureurs, qui n'ont point été frappés des conséquences juridiques que peut entraîner le contrat nouveau.

Lorsque ce contrat prit quelque importance et donna lieu à des débats judiciaires , on s'aperçut qu'il n'avait point dans notre droit une place bien déterminée, et que le législateur avait oublié de lui imprimer un caractère net et précis. C'est alors qu'on se demanda à l'envi quelle était la physionomie véritable de ce contrat. De nombreuses opinions furent émises, qui peuvent se ramener à trois grands groupes :

1° L'assurance sur la vie est une opération d'épargne, de capitalisation ; son but est un placement de fonds ; son moyen, le prêt à intérêt.

2° C'est un contrat d'assurance analogue à celui fait pour les assurances maritimes ou terrestres.

3° C'est un contrat d'assurance *sui generis*, innommé, permis par la loi, auquel on doit appliquer les principes généraux du droit des obligations.

Il est utile d'étudier et d'apprécier successivement ces trois opinions. Au point de vue théorique d'abord, il est intéressant de savoir quelle est la nature juridique de l'assurance sur la vie ; mais il ne faut pas oublier non plus qu'il y a un intérêt pratique à la déterminer.

Cette étude a, en effet, une importance considérable pour beaucoup de questions controversées, notamment en ce qui concerne l'attribution du bénéfice de l'assurance sur la vie. Si l'assurance est un placement, il faut nécessairement déclarer que le capital assuré doit faire partie du patrimoine et de la succession du preneur d'assurance ; si l'assurance sur la vie est une véritable assurance, ceux qu'on appelle

les bénéficiaires et qui sont les véritables assurés trouveront, dans le contrat lui-même, un
droit qui sera personnel et indépendant de la
dévolution de l'hérédité.

La question est intéressante au cas d'acceptation d'une succession sous bénéfice d'inven-
taire. Si l'assurance est un placement, le bénéfice
tombera dans le patrimoine du *de cujus*, et
formera le gage des créanciers. Si c'est au con-
taire une assurance, elle sera attribuée à l'héritier, car les assurés trouveront dans ce contrat
un droit qui leur sera personnel.

L'intérêt théorique et l'importance pratique
de la question de savoir quelle est la nature
juridique de l'assurance sur la vie, nous forcent
à entrer dès maintenant dans l'examen des trois
grandes opinions énoncées ci-dessus. Nous
ferons toutefois une remarque préliminaire: il
ne sera question ici que des assurances en cas
de décès, dites assurances à cause de mort;
quant aux assurances en cas de vie, nous en par-
lerons peu. Elles ne présentent pas de grosses
difficultés ; la situation est simple et se règle
du vivant de l'assuré. On n'a donc pas à se
poser la question de l'attribution des bénéfices :
la plupart des auteurs [1], du reste, sont d'accord

1. TROPLONG, *des Contrats aléatoires*, p. 339. — HERBAULT, Ass.
sur la vie, p. 2. — DEVILLENEUVE et MASSÉ, *Dict. du Contrat comm* ,
vᵉ *Ass. sur la vie*, nᵉ 3. — PERSIL, *des Ass. sur la vie*, nᵒ 292. — DE

pour lui reconnaître le caractère d'une assurance : son objet, c'est un capital déterminé ; le
risque contre lequel on cherche à se prémunir,
ce sont les vicissitudes de l'existence, qui ne
permettraient peut-être pas de réunir un capital
que l'on veut s'assurer ; le moyen que l'on
emploie, c'est la mutualité.

Il est vrai que l'on pourrait peut-être voir
dans l'assurance en cas de vie, au lieu d'une
véritable assurance, un contrat innommé qui
serait régi par les principes du droit commun ;
mais nous n'insisterons pas sur cette opinion,
d'autant plus que nous aurons à en apprécier
d'analogues, dans l'étude de la nature juridique de l'assurance en cas de mort, que nous
abordons maintenant par la discussion de la
première opinion annoncée ci-dessus : l'assurance sur la vie est un placement de fonds.

MONTLUC, *Ass. sur la vie*, chap, 1er, p. 35 et suiv.— *Contra* : ALAUZET,
Tr. gén. des Ass. sur la vie, II, n° 546 et suiv.; — TISSIER, *Ass. sur la
vie*, thèse pour le Doctorat. Paris, 1900, p. 59.

CHAPITRE Ier

L'assurance sur la vie et l'idée de placement

Quand on considère une opération d'assurance, et qu'on se demande à quoi tendent les efforts de ceux qui l'accomplissent, il est très naturel de songer immédiatement à un placement.

L'on dit: l'assurance est une caisse d'épargne perfectionnée, et en fait, les apparences fortifient cette conception. Celui qui s'assure verse une somme d'argent, ce versement peut être fait, soit au moyen d'une prime unique, soit au moyen d'une prime annuelle. Si la prime est unique, elle a vraiment, à ne voir les choses que superficiellement, l'aspect d'un capital qui s'accroît d'intérêts composés.

Si la prime est annuelle, au premier abord il semble qu'il ne puisse y avoir lieu à équivoque: la prime ne ressemble point à un capital. Une cause d'erreur peut venir d'une combinaison imaginée pour obtenir des primes uniformes connue sur le nom de réserve.

Les jurisconsultes familiers avec l'assurance savaient fort bien que le capital n'est point formé par l'accumulation des primes : les primes sont en effet consommées pour faire face aux risques survenus pendant un exercice. De plus, comme nous le verrons, les primes sont facultatives, les versements annuels sont purement et simplement des cotisations; il n'y a donc pas à s'y tromper. Lorsqu'un assuré touche un capital, il n'en recouvre pas les primes antérieurement payées ; mais· la réserve fait naître une difficulté. L'on met de côté une partie de la prime annuelle. Les sommes ainsi réservées vont se capitaliser avec les intérêts composés, et former en partie le capital assuré. L'opération apparaît donc, au moins en partie, comme un véritable placement.

Enfin, un dernier usage, la participation aux bénéfices, fortifie encore l'idée de placement : à la fin de chaque exercice, on attribue aux assurés, une partie des bénéfices en proportion des primes versées. Qu'est-ce que cette attribution ? Un dividende, ou tout au moins un intérêt ? A première vue, il semble bien que l'assurance comprend les éléments d'un placement : d'un côté, le capital versé, de l'autre les intérêts produits par ce capital.

C'est ainsi d'ailleurs que, bien souvent, les assureurs représentent l'assurance ; ils s'adressent au public et lui conseillent de se garantir un capital en contractant une assurance sur la vie.

Vous y avez, disent-ils, tout à gagner, pères
de famille. Vous épargnez, la Compagnie vous
paie des intérêts, et vos versements, accrus d'intérêts composés, arrivent à former un capital
qui vous sera versé.

Ce raisonnement est-il juste ? Certains auteurs l'ont accepté comme tel. Alauzet [1] dit :
« si j'ai prêté un capital et que je m'engage à
« ne pas demander d'intérêts pendant un temps
« déterminé, le taux de cet intérêt ainsi retardé
« devra s'accroître, ou bien ses revenus accu-
« mulés sont joints au capital. »

Si j'aliène le capital, les intérêts s'accroî-
tront dans une proportion plus forte encore. Si
enfin le paiement, même des intérêts est sub-
ordonné à un événement incertain, comme le
décès, par exemple, dans un intervalle déterminé, je dois, si je survis, jouir d'une nouvelle
augmentation dans le revenu annuel qui me
sera payé.

Ces combinaisons peuvent être variées à
l'infini et recevoir les noms divers de rente
viagère, de tontine et d'assurance sur la vie.

L'opinion d'Alauzet a été émise à une époque
où l'on n'avait encore qu'une notion confuse de
l'assurance sur la vie ; aussi, est-il inutile de s'y
arrêter ; mais elle est intéressante à connaître,

---

1. ALANZET, *Traité gén. des assur.*, t. II, n° 533.

car c'est sur elle que se sont étayées les opinions des auteurs qui, à l'instar d'Alauzet, considèrent l'assurance comme un placement. Reboul affirme nettement cette idée dans le chapitre intitulé : L'assurance sur la vie est un véritable placement [1]. « C'est bien plus qu'une assurance, dit-il, c'est un véritable placement, un placement des plus sûrs et même le meil- de tous... Ce n'est pas seulement la garantie d'un risque, c'est en même temps une épargne; c'est l'épargne solidarisée, c'est-à-dire l'épargne sous la forme la plus féconde, l'épargne élevée à sa plus haute puissance. »

Il ajoute, parlant de la participation aux bénéfices: « On peut considérer cette gratification comme un intérêt accordé à l'assuré sur ses versements antérieurs. »

A la suite de Reboul, des jurisconsultes, regardant l'assurance comme un placement, ne tardèrent pas à en conclure qu'elle constitue un *contrat de prêt à intérêt* [2]. La jurisprudence admit « que le contrat d'assurance constitue, au profit de l'asssuré, une obligation ferme qui fait partie de son patrimoine et rentre après sa mort dans l'actif de son hérédité [3,4]. »

1. Reboul, *les Ass. sur la vie*, 1865.
2. Voir le discours de M. Leveillé, prof. de droit de Paris, cité par Adam, Étude sur la nature du contrat d'ass. sur la vie.p.5.
3. Chambre civ., Cass , 10 février 1880 (D, 80, 1, 69).
4. M. Leveillé disait notamment que les Compagnies d'assurances

A côté de cette opinion radicale qui mérite attention, il peut s'en placer une autre qui ne refuse point à l'assurance sur la vie, la qualité de contrat d'assurance, mais qui y voit en même temps un contrat de prêt juxtaposé. L'assurance sur la vie est donc un contrat composé, une combinaison de l'assurance et du prêt. M. Senès notamment admet cette opinion dans sa théorie juridique des assurances sur la vie :

« Il y a, dit-il, dans le contrat d'assurance « sur la vie entière, unis intimement l'un à « l'autre, le prêt et l'assurance. » Voici comment se décompose l'opération : l'assuré verse aux mains de l'assureur une somme composée de deux éléments qui sont, l'un destiné au prêt, l'autre à l'assurance. Par le contrat de prêt, l'assureur ne doit à l'assuré, au moment de sa mort, que le produit de la capitalisation effectuée, c'est-à-dire la somme versée par le prêt accrue des intérêts. Mais, d'autre part, l'assureur a promis de compléter, s'il y a lieu, cette somme, si la mort survient avant le moment où un capital déterminé n'a pas été formé par la seule suite donnée au contrat de prêt.

sur la vie qui ont cru manier de véritables assurances, alors qu'elles n'en maniaient pas, pensent bien avoir payé des emprunts sans s'en douter, comme un personnage de Molière qui faisait de la prose sans le savoir.

1. Senès, Théorie jur. des ass. sur la vie, série d'art. parus dans la *Revue des Ass.*, 1872-1873.

Le double caractère de l'assurance sur la vie est encore admis par certains auteurs étrangers. Par exemple, M. Rademacher et M. Walse, qui dit, dans l'organe de la Compagnie la Providentielle, tome ii, p. 229: « L'assurance sur la « vie est en réalité un contrat complexe: elle est « mi-contrat d'épargne, mi-assurance.... Les « primes annuelles sont en partie de véritables « primes; pour l'autre partie, elles sont des « versements de capitaux dont l'assureur est « l'administrateur. »

Des citations rapportées ci-dessus, il résulte que, pour les uns, le contrat d'assurance sur la vie est uniquement un contrat de prêt constituant un placement, et que, pour les autres, c'est toujours un placement, mais combiné avec une assurance. Quoi qu'il en soit, si l'idée de placement doit entrer comme élément dans la nature juridique de l'assurance sur la vie; il en découlera d'importantes conséquences. La plus considérable est l'influence que cette théorie doit nécessairement exercer sur l'attribution du bénéfice de l'assurance. L'assurance constituant un placement, la somme payée par la Compagnie fait nécessairement partie du patrimoine de l'assuré. Le bénéfice de l'assurance appartient à la succession, aux créanciers et, en cas de faillite, à la masse.

C'est peut-être cette considération toute pratique qui a décidé la jurisprudence à envisager l'assurance comme un placement; mais, en théorie, cette idée est-elle admissible ? est-il vrai de dire que le contrat d'assurance est analogue à un prêt, à un *mutuum* ?

L'opinion qui le soutient s'appuie sur trois ordres de faits :

1° Les versements de sommes d'argent accomplis en une fois au cas de prime unique, en plusieurs fois au cas de primes annuelles;

2° La réserve ;

3° La participation aux bénéfices.

A. — *Versements*. — Le versement d'une prime ou de primes annuelles ne suffit point à prouver que l'assurance sur la vie est un placement. Dans la vie courante, fréquemment, on remet, en une ou plusieurs fois, des sommes d'argent destinées à payer un travail ou un service rendu ; ces sommes ne sont point prêtées, mais aliénées. « En prenant un billet de chemin de fer, dit M. Couteau, on achète le droit de faire un trajet, et la Compagnie est quitte envers vous alors qu'elle vous a rendu le service stipulé de vous conduire d'un point à un autre. Si vous avez fait plusieurs fois le même trajet, peu importe, au point de vue du caractère légal de cette convention, que le prix soit payé en détail à chaque voyage, ou en bloc en une fois, au moyen de l'abonnement. »

La prime unique peut être considérée comme une sorte d'abonnement à l'assurance. D'ailleurs, elle constitue un fait exceptionnel, et c'est faire un raisonnement défectueux que de se baser sur l'existence d'une prime unique pour déterminer le caractère juridique de l'assurance. La règle, c'est que les primes sont annuelles ; l'assurance sur la vie est le contraire de la rente viagère. Dans la rente viagère, on échange un capital ; dans l'assurance sur la vie, on échange un revenu annuel contre un capital. Si, par exception, l'on décide que la prime sera payée en une seule fois, il faut demeurer convaincu que cette prime unique est représentative des primes annuelles, et s'analyse, comme le dit M. Reboul[1], dans un procédé de calcul employé pour arriver à la formation de la prime annuelle. En conséquence, lorsque nous nous demandons quelle est la nature juridique de l'assurance sur la vie, il nous faut raisonner dans l'hypothèse du paiement annuel des primes.

Ceci posé, personne n'ignore que toute assurance sur la vie, fût-elle pour la vie entière, n'est qu'une succession d'assurances temporaires d'un an, de sorte que, chaque année, on paie l'assurance par le versement de la prime.

---

1. *Trait. des ass. sur la vie,* tome 1er, p. 226.

Si l'on veut que l'assurance ne tombe pas, l'année écoulée, il faut verser une nouvelle prime, et l'on voit à merveille que le paiement des primes est facultatif ; qu'il dépend de l'assuré de faire subsister son contrat, de donner naissance à une convention nouvelle dont les bases et les conditions ont été juridiquement posées dans la police d'assurance.

La règle du paiement facultatif de la prime conduit à une conséquence intéressante : elle ne peut se concilier avec l'idée du placement.

Si l'on veut voir dans l'assurance un placement véritable, si l'on considère que le paiement des primes successives forme, avec les intérêts composés, le capital versé à l'assuré, il faut évidemment que la convention contienne deux engagements réciproques, mais fermes : d'un côté celui pour l'assureur de payer un capital déterminé lorsque surviendra le décès ; d'autre part, celui de l'assuré de verser, tout le temps de sa vie, les primes constitutives de ce capital. Pour que le contrat soit sérieux et honnête, il faut que l'on soit obligé à payer toutes les primes.

Si le versement en est facultatif, l'assureur ne peut raisonnablement compter sur lui pour constituer le capital qu'il s'engage à payer ; conclusion : les primes que verse l'assuré ne sont point, en droit, constitutives du capital qu'il recueillera ; d'ailleurs, il est rare qu'elles le soient en fait.

La Société d'assurance s'engage, par exemple, à me verser, moyennant une prime annuelle de 200 fr., un capital de 8.000 fr., si je meurs avant 31 ans ; je verse une première prime et je meurs. Il est impossible de soutenir que, dans ce cas, la Compagnie, obligée de me verser le capital, l'a constitué avec les primes payées. Comment se forme donc le capital ? La base de toute assurance, c'est l'association ; elle suppose la mutualité. Si l'on se rappelle cela, il est facile de se rendre compte de la formation du capital versé aux assurés. « Les versements annuels ne sont que les cotisations des associés calculées de manière à former, d'après les prévisions fournies par l'expérience et la statistique, une masse suffisante pour payer les capitaux que le nombre de décès pourra rendre exigible [1]. »

De sorte que le capital payé au décès de l'un des assurés n'est point formé par l'accumulation de ses primes annuelles, mais résulte d'un prélèvement fait sur les cotisations de tous les associés.

---

1. Couteau, *op. cit.*, p. 230.

Il n'y a donc là rien qui puisse donner l'idée d'un placement [1] ni d'un prêt à intérêt. [2]

Qu'est-ce que le prêt ? « Le prêt de consommation est un contrat par lequel l'une des parties livre à l'autre une certaine quantité de choses qui se consomment par l'usage, à charge par cette dernière de lui en rendre autant, de même espèce et qualité. » (Art. 1892.) « Il est permis de stipuler des intérêts pour simple prêt d'argent. » (Art. 1905 C. civ.)

Il n'est pas possible de soutenir que les conditions exigées pour le prêt se retrouvent dans l'assurance sur la vie ; les primes ne sont pas de l'argent prêté, mais de l'argent aliéné ; l'assuré ne réclame pas ses primes, que d'ailleurs la Compagnie ne pourrait lui rendre.

Le fait des versements n'autorise donc point à dire que l'assurance est un placement.

B. — La réserve justifie-t-elle davantage l'idée de placement ? La réserve existe dans l'assurance pour la vie entière, et consiste dans l'excédent des primes versées à la Compagnie. En effet, la Compagnie exige toujours une prime plus forte pour obvier à l'imprévu ; la

1. Adam, *Étude sur la nature du contrat*, etc. p. 20 « Il est évident que la prime versée par une seule personne ne peut jamais suffire à former la somme qui devra, le cas échéant, lui être payée à une époque déterminée. Il faut le concours de toutes les prestations des assurés pour constituer cette somme.

2. Vermot, *Catéch. de l'ass.*, n° 3, p. 50.

réserve se trouve constituée par le surcroît des primes. Ce surcroît n'est pas employé au paiement des capitaux, mais est mis de côté et s'accroît des intérêts composés d'année en année.

Rappelons d'abord que la réserve n'existe pas dans l'assurance temporaire d'un an, mais seulement dans l'assurance pour la vie entière; l'assurance temporaire ne serait donc point un prêt. En effet, l'on ne pourrait soutenir qu'elle donne droit à des intérêts, puisque ni l'attribution des bénéfices ni la réserve ne s'y rencontrent. Mais, si l'on examine le caractère intime de la réserve, l'on aperçoit immédiatement que l'assurance sur la vie entière elle-même ne constitue pas un placement. La réserve, dit-on, n'est point un placement, mais un versement anticipé pour parfaire les primes futures. Si la réserve consiste dans la majoration de la prime, ce n'est pas un capital prêté, mais un capital aliéné; pas plus que la prime elle-même, la réserve ne sert qu'à fournir le capital assuré.

C. *Participation aux bénéfices.* — Suivant certains auteurs, la participation aux bénéfices équivaudrait à un intérêt véritable, et, par conséquent, à ce point de vue même, l'assurance pourrait être considérée comme un véritable placement. Cette idée est loin d'être exacte :

comme la réserve, la participation aux bénéfices est une combinaison pour ramener la prime à un taux exact et modéré.

Ni la prime, ni la réserve, ni la participation aux bénéfices ne peuvent faire considérer l'assurance comme un placement. L'assurance sur la vie ne s'analyse point en un prêt à intérêt.

CHAPITRE II

L'assurance sur la vie et l'idée d'assurance

L'assurance sur la vie a-t-elle les caractères
d'un véritable contrat d'assurance ?

La plupart des auteurs répondent affirmativement. Troplong[1], Pont[2], de Courcy[3], Vermot[4],
Herbault,[5] sont de cet avis. L'assurance sur la
vie, dit Herbault, est un contrat d'assurance,
dont l'objet est la réalisation d'un capital déterminé, réalisation garantie contre le risque
d'une mort prématurée. Le véritable objet du
contrat d'assurance en cas de décès, c'est de
garantir, contre le risque d'une mort prématurée,
la formation d'un capital voulu. Voilà la véritable cause du contrat, sa cause déterminante.
Le contrat d'assurance est le contrat principal ;
le contrat de placement est le contrat accessoire,
secondaire. Nous avons là tous les éléments
caractéristiques du contrat d'assurance, une
chose susceptible d'assurance, la formation

---

1. TROLONG, *Contrats aléatoires*, p. 331.
2. PONT, *Des petits contrats*, n° 587.
3. *Précis d'ass. sur la vie*, introd. p. 9.
4. *Catéchisme de l'ass.*, 1re partie, p. 10.
5. HERBAULT, *Traité des ass.*, p. 39.

d'un capital, un risque à écarter, la mort prématurée qui venait, dans des conditions ordinaires de placement, arrêter l'opération poursuivie.

L'idée d'Herbault est-elle admissible? l'assurance sur la vie comprend-t-elle tous les éléments d'une assurance véritable; retrouvons-nous le risque, l'indemnité, l'association, dans le contrat d'assurance sur la vie [1]?

A. *Risques.* — On a nié que l'assurance sur la vie présentât un risque comme les autres assurances : « Il n'y a dans un tel contrat, disait-on, ni condition ni aléa.

1° *Condition.* — Toute assurance est faite sous la condition que le risque surviendra; ici, le risque est certain, le décès est inévitable; l'époque, sans doute, n'en est pas fixée, mais cela ne prouve point que l'assurance sur la vie soit un contrat conditionnel; cela prouve seulement qu'elle est un contrat à terme incertain. Cela d'ailleurs nous suffit; ce n'est point dans le décès même que réside le risque, mais plutôt dans l'incertitude de l'époque à laquelle il survient : cette incertitude suffit à elle seule pour constituer un risque appréciable et susceptible d'assurance. Il n'est pas d'ailleurs certain que le risque prévu surviendra pendant la durée du contrat.

1. Herbault, *op. cit.*, p. 10

Cela suffit à constituer le risque exigé pour toute assurance.

2° *Aléa*. — Toute assurance, supposant un risque, suppose par là même un aléa : l'assurance présente-t-elle ce caractère aléatoire ? La question a été fort controversée. Pour nous, nous croyons que, si l'on regarde l'opération du côté de l'assuré, il n'est pas possible de parler d'un aléa ; au lieu de créer l'aléa, l'assurance a bien plutôt pour but de le faire disparaître.

Du côté de l'assureur, l'opération, au premier abord, présente le caractère aléatoire ; mais, à y regarder de près, les risques s'équilibrent ; la Compagnie qui a groupé un nombre déterminé de membres, et assuré un nombre certain de risques, l'a fait de façon à gagner d'un côté ce qu'elle perd de l'autre, à assumer les risques des individus sans en courir aucun elle-même.

Donc, à examiner en bloc les effets et les conséquences de l'institution, l'assurance sur la vie ne présente pas le caractère aléatoire ; mais il est certain que le contrat qui sert à la réaliser présente ce caractère. M. Adam exprime cette idée avec originalité : « Lorsque nous « entendons affirmer qu'il ne peut être question « de risques en matière d'assurance sur la vie, « l'image des trois Parques se présente à notre « esprit avec des attributs modernisés. Clotho a « mis son antique quenouille à la réforme ; elle

« tient une urne contenant des bulletins qui
« portent les noms donnés à chaque mortel à sa
« naissance. Lachesis ne file plus ; elle tire les
« bulletins de l'urne. Atropos proclame les noms
« inscrits sur ces bulletins sortis ; elle a perdu
« ses ciseaux. »

« Supposons le tirage arrivé au moment où les
92.588 noms de 92.588 vivants, âgés de 21 ans,
restent dans l'urne.

« Suivant la table des dix-sept Compagnies,
Lachesis tirera de l'urne la première année
680 noms, la seconde 683, la troisième 686,
et ainsi de suite, jusqu'à ce qu'au bout de
78 ans, le tirage des 92.588 bulletins soit
épuisé.

« Si les 92.588 vivants, puis leurs survivants,
chaque année, étaient convoqués en assemblée
générale, tous les ans, à l'effet d'assister à ce
lugubre tirage, nous gagerions que l'on en ver-
rait pâlir plus d'un au moment où Lachesis
plongerait sa main dans l'urne fatale ; nous
gagerions que chacun ressentirait parfaitement
les angoisses de l'aléa qui le menace, et qu'il
apprécierait la chance, le risque de voir son
nom sortir de l'urne, la première ou la soixante-
dix-huitième année.

Buffon n'a-t-il pas dit que les longévités
sont les gros lots dans la loterie universelle de
la vie ? »

Toutefois,les choses ne se passent pas ainsi, les Parques n'en usent pas comme les administrations de sociétés financières: le tirage se poursuit constamment, sans annonce ni convocation; nous oublions volontiers qu'il marche toujours, que l'urne se vide, mais si prêt d'être vide qu'elle soit, il n'est homme si décrépit, dit Montaigne, qui ne songe à Mathusalem, et ne pense avoir encore 20 ans dans le corps. Notre nom sort de l'urne, et la terrible voix d'Atropos nous surprend encore au moment où elle le proclame.

« Que ces 92.588 vivants soient des pères de famille adonnés au travail,avec l'espoir de vivre assez longtemps pour constituer un patrimoine par l'accumulation de leur épargne, il nous semble évident que le risque couvert par l'assurance qui garantit la constitution immédiate du patrimoine, en cas de décès, est suffisamment accusé ; car le risque de n'être plus est un risque absolu de chaque instant et de chaque âge. »

Toute garantie exige un risque renfermant un aléa ; le contrat d'assurance sur la vie présente bien en ce point les caractères d'un véritable contrat d'assurance.

Citons l'opinion de M. Reboul : « Toute assurance suppose des risques, des dangers, le danger supposé par l'assurance sur la vie, c'est la mort prématurée ; c'est la perte du capital représenté par l'activité, le talent du chef de famille.

B. — *Indemnité*. — Le second caractère de l'assurance sur la vie est d'être un contrat d'indemnité. En somme, le but de l'assuré est de recouvrer le capital perdu par la survenance du risque et d'être indemnisé d'une perte éprouvée. L'assurance sur la vie comporte-t-elle l'existence d'une indemnité ? L'on a dit que dans un très grand nombre de cas elle est faite *de lucro captando*[1].

On reconnaît bien à la vérité que, dans certains cas, par exemple dans l'hypothèse d'un père de famille dont le travail nourrit ses enfant, l'asssurance sur la vie présente au moins l'apparence d'un contrat d'indemnité. Mais on a soin d'ajouter que, dans la très grande majorité des hypothèses, il n'en est point ainsi : l'assurance est faite dans un but de spéculation.

Il est facile de répondre que la vie est un bien, un capital, une valeur appréciable en argent ; que la perte de la vie entraîne la perte d'un capital, et qu'au fond, « l'objet propre de l'assurance sur la vie n'est autre que d'indemniser ceux qui survivent à leur auteur assuré du préjudice en argent qu'une mort prématurée

1. BLONDEL, *De l'ass. s. vie*, p. 19.

leur fait éprouver. En conséquence, l'assurance sur la vie constitue un vrai contrat d'indemnité.

Si l'on en doute encore, il est facile de s'en convaincre en recherchant : 1° ce qu'il faut entendre par contrat d'indemnité ; 2° quel est l'objet de l'assurance .

I. — Qu'est-ce que l'Indemnité

« L'indemnité est le dédommagement du gain dont on est privé, aussi bien que d'une perte éprouvée. (Art. 1145 du Code civil.) Toute assurance se préoccupe donc à la fois et du *damnum vitandum* et du *lucrum captandum.* » Il est vrai que l'assurance maritime, d'après le Code de commerce, garantit seulement le préjudice éprouvé et non le gain possible (art. 347 C. com.); mais c'est là une disposition spéciale, et qu'on ne doit pas étendre aux autres assurances. L'article 1130 du Code civ. déclare que les choses futures peuvent être l'objet d'une convention. Rien ne fait obstacle à ce que l'on assure, non seulement un bien présent, mais encore un bien avenir. L'homme qui produit et qui épargne doit pouvoir assurer les bénéfices futurs sur lesquels il est en droit de compter. S'il meurt, le capital payé à ses enfants sera la plus légitime des indemnités.

II. — Objet de l'assurance sur la vie

L'objet de l'assurance est uniquement une somme d'argent qui doit représenter la valeur attribuée à l'existence humaine. L'on ne dit point « assurance de la vie », mais « assurance sur la vie », ce qui signifie que ce n'est point en réalité la vie elle-même qui est assurée, mais la durée incertaine de l'existence. L'incertitude entraîne un risque, celui de ne pas avoir le temps suffisant pour recueillir un capital déterminé : c'est ce capital qu'on assure. De sorte que, dans l'assurance sur la vie, nous trouvons un objet, c'est le capital assuré ; un risque, les chances de mortalité ; une indemnité, le paiement du capital.

C. *Association.* — L'assurance sur la vie, qui comprend les éléments de l'assurance, comprend également, sans contestations possibles, le moyen employé par toute assurance, l'association. N'est-ce point l'association qui permet d'introduire la règle du paiement facultatif des primes ?

« Et n'est-il point vrai de dire, avec M. Adam[1], « que l'assurance est la répartition des risques

---

1. Adam, *Et. sur la nature du contrat.* p. 20.

« sur les nombres ». L'assurance sur la vie ne
se comprend donc pas sans l'association ; elle
ne se comprend pas non plus sans le risque et
l'indemnité ; c'est donc une véritable assurance.

CHAPITRE III

L'assurance sur la vie, et l'idée de contrat innommé.

Nous venons d'établir que l'assurance sur la vie n'est point un placement, mais une assurance.

Cela ne suffit point à déterminer la nature juridique du contrat en droit français. Cette opération constitue une assurance, et en présente les caractères ; mais cela ne veut pas dire qu'il faut lui appliquer les articles que la loi consacre à une espèce bien précise d'assurance, l'assurance maritime, la seule d'ailleurs dont s'occupe notre droit... On ne peut, même par voie d'analogie, faire cette application. La vérité, c'est que le contrat d'assurance sur la vie n'est aucunement prévu par notre Code.

Qu'est-ce donc que le contrat d'assurance sur la vie ? C'est un contrat innommé, ayant pour but de réaliser une opération d'assurance. C'est à quoi s'arrête la troisième opinion, qui n'est, comme on le voit, nullement inconciliable avec la seconde.

Elle est d'ailleurs adoptée par la plupart des

auteurs[1]. C'est qu'en effet, ce contrat a un caractère *sui generis*, et, tout en étant une assurance, diffère des assurances ordinaires. Théoriquement, le contrat est une assurance, mais sa nature juridique est d'être un contrat innommé. Cela est fort important, car, si l'on reconnaît à l'assurance sur la vie le caractère d'une assurance ordinaire, on sera tenté de lui appliquer toutes les règles que l'on applique d'ordinaire aux assurances. Au contraire, si l'on considère l'assurance sur la vie comme un contrat innommé, on lui appliquera les règles générales formulées par le Code civil en matière de contrat. Au point de vue légal, l'opinion qui soutient que l'assurance sur la vie est un contrat innommé est parfaitement justifiable. Les contrats, soit qu'ils aient une dénomination propre, soit qu'ils n'en aient pas, sont soumis à des règles générales. (Art. 1102.) L'une de ces règles, c'est la liberté des conventions, qui tiennent lieu de loi à ceux qui les ont formées. (Art. 1134.)

L'art. 1135 ajoute que les conventions obligent, non seulement à ce qui y est exprimé, mais encore à toutes les suites que l'équité,

---

1. DALLOZ *v°. Ass.*, n° 2. — PONT, *Petits contrats*, p 267. — ZACHARIÆ. —C. MASSÉ ET VERGER, v. p.19, n° 1. — LAURENT, *Droit civil.*, T.27, p. 210. — BLONDEL, *Ass. sur la vie*, p. 57.

l'usage ou la loi donnent à l'obligation d'après sa nature.

D'où il résulte que le contrat innommé, qui n'est point spécialement réglementé par le Code civil, jouit de la faculté d'avoir moins d'entraves que les autres contrats.

Ces sortes de conventions obligent à tout ce que commande la nature du **contrat**, parce que ce contrat est la loi même des parties.

Lorsque l'assureur et l'assuré ont nettement exprimé leurs conventions, la jurisprudence n'a plus qu'à interpréter ces conventions d'après la nature même du contrat.

Elle devra donc examiner deux particularités :

1º Se rendre compte exactement de la convention, telle que l'a créée la pratique ;

2º Connaître les principes du droit, les dispositions générales de la loi qui s'appliquent aux contrats innommés.

1º Il est facile de voir comment la pratique conçoit actuellement l'assurance sur la vie. Tout d'abord, la prime de l'assurance est établie, non pas empiriquement, mais scientifiquement; elle n'est point le résultat d'un marchandage, mais de données précises, ensuite cette prime est facultative; elle s'accompagne parfois d'une réserve. Voilà pour ce qui concerne la prime; en ce qui concerne les variétés de l'assurance, elle est tantôt temporaire d'un an, et tantôt pour la vie entière. Ces différents caractères constituent ce qu'on est convenu d'appeler la nature du contrat.

2° Nous connaîtrons exactement la nature juridique de ce contrat innommé lorsque nous saurons quels sont les articles du Code civil qui s'y appliquent. Il faut nous reporter au titre III du liv. III du Code civil, intitulé « Des obligations conventionnelles en général ».

En effet, les règles de ce titre s'appliquent aux contrats innommés et, par conséquent, à l'assurance sur la vie. L'assurance sur la vie est un contrat dans lequel l'assureur s'oblige à payer le capital stipulé si certaines conditions se réalisent, tandis que l'assuré s'oblige à payer la prime correspondant à ce capital.

C'est un contrat conventionnel, affranchi de toute formalité, un contrat qui n'exige point la rédaction d'un écrit à peine de nullité, comme la donation, l'hypothèque ou le contrat de mariage.

A la vérité, en pratique, un écrit est toujours rédigé, mais cet écrit sert seulement de moyen de preuve.

Son absence ne rend pas nulle l'assurance sur la vie ; le consentement des parties suffit. C'est un contrat de bonne foi ; l'intention des parties y est dominante. On doit tenir compte dans ce contrat, non seulement de ce qui y est exprimé, mais encore de toutes les suites que l'équité, l'usage et la loi donnent à l'obligation d'après sa nature. (Art. 1134, 1135 Code civil.) C'est un contrat personnel, que des créanciers ne pourraient faire à l'encontre de leurs débiteurs. (Art. 1166 Code civil.) Conséquence : si l'on veut contracter une assurance sur la vie par mandataire, il faut délivrer une procuration spéciale; seconde conséquence, le syndic d'une faillite ne pourrait continuer l'assurance sur la vie au cas où le failli l'aurait abandonnée. C'est un contrat synallagmatique : inutile d'insister. Il est bien évident que les contractants s'obligent réciproquement les uns envers les autres : l'assureur, à payer un capital ; l'assuré, à payer une prime [1].

L'assurance sur la vie présente bien, et cela sans contestation, les caractères énumérés ci-dessus. Mais il est un point douteux, celui de savoir si l'assurance sur la vie est un contrat commutatif ou un contrat aléatoire.

Tel que nous le montre la pratique, ce contrat peut être aussi bien rangé, par suite d'une anomalie singulière, dans la catégorie des contrats commutatifs que dans la catégorie des contrats aléatoires. Il est commutatif en ce sens qu'il

1. DE COURCY, *Ass sur la vie.*

est certain que chacun des contractants doit donner quelque chose. Il ne ressemble point, par exemple, et cela saute aux yeux, à la prise d'un coup de filet. Ni celui qui prend un billet d'assurance, ni la compagnie qui assure ne font une opération purement aléatoire, puisque, comme on le sait, les cotisations sont exactement calculées pour former les capitaux dont le paiement sera nécessité par suite des décès prévus. Mais, d'un autre côté, on a pu l'envisager comme contrat aléatoire, parce qu'il est impossible de ne pas reconnaître qu'il est soumis à l'événement incertain de la date du décès.

Toutefois, il serait peut-être plus exact de lui donner le nom de contrat conditionnel : en somme, l'importance de la distinction des contrats commutatifs et aléatoires est si peu considérable qu'il est inutile d'insister davantage.

Il est encore un autre caractère du contrat d'assurance sur la vie qui doit nous retenir. Le Code civil range les contrats en contrats à titre onéreux et contrats à titre gratuit.

Le contrat d'assurance est-il à titre onéreux ou à titre gratuit?

Il est l'un et l'autre, suivant l'aspect sous lequel on l'envisage.

Entre la compagnie et le preneur d'assurance, c'est certainement un contrat à titre onéreux; mais entre l'assuré et le bénéficiaire de l'assurance, si ce bénéficiaire est un tiers, par exemple, en cas d'assurance à cause de mort, le contrat peut être ou à titre onéreux ou à titre gratuit.

Il est à titre onéreux, s'il est fait au profit d'un créancier pour se libérer d'une dette; il est à titre gratuit, s'il est fait dans l'intention d'accomplir une libéralité.

Cette distinction est utile en pratique au point de vue fiscal.

De ce qui précède, nous pouvons conclure que l'assurance sur la vie est d'abord une assurance, et ensuite un contrat innommé : l'on devra tenir compte de ce double caractère pour résoudre les difficultés juridiques que peut présenter ce contrat.

LIVRE II

Éléments constitutifs du contrat d'assurance sur la vie

De nos explications antérieures, il résulte que l'assurance sur la vie s'analyse en un contrat innommé. La conséquence nécessaire qui en découle, c'est que les éléments constitutifs de l'assurance sont nécessairement des éléments constitutifs du contrat innommé ; ses conditions de validité sont celles qu'exige l'article 1108 du Code civil, à savoir : consentement de la partie qui s'oblige, la capacité de contracter, un objet certain formant la matière d'un engagement, une cause licite dans l'obligation.

I

Consentement des parties contractantes

Le consentement des parties contractantes doit exister, et n'être entaché d'aucun vice d'erreur, de violence et de dol.

5-L

L'erreur, conformément à l'article 1110, est une cause de nullité lorsqu'elle tombe sur la substance même de la chose : la substance de la chose ici est le risque de mort. Tout ce qui peut altérer l'opinion du risque est une cause de nullité radicale du contrat. Mais, d'autre part, la personne tant de l'assuré que de l'assureur est prise en considération dans le contrat d'assurance sur la vie ; d'où suit que l'erreur sur la personne est dans ce contrat une cause de nullité [1].

Quant à la violence, elle serait également une cause de nullité, s'il était possible de penser un instant que les agents d'assurances puissent avoir l'idée d'employer ce moyen pour contraindre une personne à s'assurer [2].

Le dol, pour être une cause de nullité, doit réunir les deux caractères suivants : 1° émaner du contractant lui-même ; 2° être principal, c'est-à-dire être de telle sorte que, sans lui, la partie qui attaque le contrat n'aurait pas contracté [3].

Quant à la lésion, elle n'est une cause d'annulation que si l'un des contractants est mineur.

Il est inutile d'insister davantage, parce que

---

1. Vilert, p. 92, 93.—Herbault, n⁰ˢ 118 et 120.—Couteau, n° 292
2. *Journ. des ass.*, 1880, p. 205.—Herbault, *op. cit.*, n° 117.
3. Herbault, n° 129.

tout ce que l'on pourrait dire en cette matière ne serait que la répétition des règles générales applicables à tous les contrats ; mais une question délicate et spéciale à l'assurance sur la vie, se pose au sujet du consentement des parties, lorsque le contrat est fait sur la tête d'un tiers.

L'on sait que l'assurance sur la vie peut être faite au profit d'un tiers ; mais le point délicat est précisément de savoir si le consentement du tiers est nécessaire à la perfection d'un semblable contrat.

La rente viagère peut être constituée sur la tête de celui qui en fournit le prix ou sur celle d'un tiers, sans que le consentement de ce dernier soit nécessaire : en est-il de même en matière d'assurance sur la vie ?

Certain auteurs, frappés surtout des inconvénients pouvant résulter de l'assurance sur la vie d'un tiers, tels que les gageures et les *tontines*, ont fait remarquer que le meilleur moyen de les éviter était de forcer le preneur d'assurance à justifier de son intérêt à la vie du tiers sur la tête duquel repose l'assurance, et la preuve la plus certaine de cet intérêt est le consentement du tiers [1].

---

1. ALAUZET, n° 53. — GRUN et JOLIAT, n°ˢ 379 et suiv. — DE MONT-LUC, chap. VI, p. 140 et suiv.

Au surplus, nous reviendrons sur les stipulations faites sur la vie d'autrui [1].

II

Capacité des parties contractantes

Il y a lieu d'examiner successivement, en ce qui concerne la capacité des parties contractantes, dans l'assurance sur la vie, d'une part, la capacité de l'assureur et, de l'autre, celle de l'assuré.

I. — Capacité de l'assureur

En règle générale, toute personne capable de contracter peut être assureur. (Art. 1123 et 1125 du Code civ.)

En fait, les opérations d'assurances sur la vie ne peuvent être accomplies que par de grandes compagnies, qui reposent sur l'idée d'association, fonctionnent par le moyen de la mutualité et ont pour fondement la division des risques.

---

1. L'avis du Conseil d'État de 1818 admet la doctrine que nous avons exposée : « Aucune assurance exigible au décès d'un tiers ne peut être contractée sans le consentement de ce tiers, ou, s'il s'agit de personnes inhabiles à contracter, sans le consentement de leurs père, mère, tuteur ou curateur. Le consentement du mari, pour une assurance sur la tête de sa femme, ne dispense pas du consentement de cette dernière. »

La plupart de ces grandes compagnies révêtent le caractère de compagnies d'assurances à prime fixe. Ces sociétés se divisent, comme toutes les autres sociétés commerciales, en sociétés en nom collectif, société en commandite, sociétés anonymes. La loi qui les régit est celle du 24 juillet 1867. Cette loi fait, dans ces articles 66 et 67, à propos de l'assurance sur la vie, une exception au principe posé par son article 20, qui dispense les sociétés anonymes de l'autorisation du gouvernement. En conséquence, elles sont soumises : 1° à l'autorisation du gouvernement, et 2° à sa surveillance. Nous n'insisterons pas sur ces deux points, qui soulèvent surtout des questions d'ordre administratif; nous en dirons seulement quelques mots.

a) *Autorisation.* — L'autorisation du gouvernement doit être donnée par décret rendu dans la forme des règlements d'administration publique. Elle doit être insérée d'ailleurs au Bulletin des lois avec les statuts approuvés. C'est qu'en effet l'autorisation gouvernementale, qui a pour effet de donner à la société une existence légale, se manifeste par l'approbation des statuts préalablement examinés, et au besoin modifiés par le Conseil d'État. Ces statuts, une fois approuvés, ne peuvent être enfreints par les sociétés, et tout acte qui serait contraire, non seulement à la lettre des statuts, mais aussi à l'objet et au but de la société, devrait être annulé, alors même qu'il eût été approuvé par une assemblée générale.

Accordée, l'autorisation gouvernementale peut être révoquée; non obtenue, elle empêche l'existence de la société, qui jusque-là n'était qu'à l'état de projet [1].

b) *Surveillance.* — La loi de 1867, exigeant la surveillance, ne l'avait pas réglementée ; mais, prenant acte d'un précédent (une ordonnance royale de 1842) [2], le ministre de l'Agriculture et du Commerce organisa, par arrêté du 5 juin 1875, une commission de surveillance s'appliquant également aux associations tontinières et aux assurances à prime fixe sur la vie.

Cette assimilation, un tant soit peu fantaisiste, rencontra de l'opposition, et le projet dont le ministre saisit, au mois de décembre 1876, la section des travaux publics, de l'agriculture et du commerce au Conseil d'État fut rejeté : « La liberté d'action des administrateurs, dit-on, est la condition nécessaire d'une bonne gestion, et ne doit avoir pour limite que l'observation des statuts et l'exécution des conditions auxquelles l'autorisation a été accordée.

---

1. Sur tous ces points, voir : COUTEAU. Nᵒˢ 234-238 ; — Cass. 23 mai 1859 (S. 59, 1, 695); — Cass., 16 juillet 1838 (S. 38, 1, 589); — *Jour. des ass.* 87, p. 217 ; — FEY, nᵒ 45 ; — Cass., 15 février 1828-7 avril 1862 (S. 62, 1, 984).

2. DUVERGIER, 1842, p. 238.

Malgré cet avis de rejet, le ministre de l'Agriculture institua par de simples arrêtés, une surveillance des assurances à prime fixe. Attaqués par les Compagnies d'assurances devant le Conseil d'État pour abus de pouvoir, ces arrêtés furent annulés, parce qu'il n'appartient pas au ministre de l'Agriculture de modifier la nature de la surveillance imposée aux compagnies d'assurances.

En somme, la surveillance consiste aujourd'hui dans l'obligation pour la Société, de remettre tous les six mois au ministre de l'Agriculture et du Commerce, au préfet de la Seine, au préfet de police et au tribunal de commerce, un état de situation et de le publier au *Journal officiel*.

C'est du moins ce qui résulte des décrets d'autorisation rendus en 1877.

Ajoutons qu'il est question de supprimer à la fois et l'autorisation du gouvernement et la surveillance, et qu'en ce sens, de nombreux projets ont été soumis à nos assemblées législatives.

II. — CAPACITÉ DE L'ASSURÉ

Il est évident que toute personne capable peut faire une assurance sur la vie, mais *quid* des personnes qui sont incapables ? Le mineur, la femme mariée, le faible d'esprit, le failli, peuvent-ils contracter une assurance sur la vie ?

Examinons successivement ces divers points :

1° *Le mineur*. — Deux ordres de questions peuvent se présenter. Il peut s'agir, en effet, soit d'un mineur non émancipé, soit d'un mineur émancipé.

A. *Mineur non émancipé*. — Deux cas peuvent se présenter ; ou bien le mineur a contracté l'assurance seul, ou bien l'assurance a été contractée par le tuteur pour le mineur.

Premier cas. — *Le mineur contracte seul*. — La question de savoir si le mineur peut contracter seul une assurance sur la vie est controversée, quant aux effets du contrat. Certains auteurs disent que l'assurance ainsi contractée est purement et simplement annulable ; d'autres soutiennent que le mineur doit, pour être restitué contre ses actes, prouver la lésion.

Selon Alauzet[1], Grün et Joliat[2], la lésion ne peut être prouvée, puisqu'il s'agit d'un contrat aléatoire, et que ce contrat ne produit d'autre résultat qu'une action effective en paiement de la prime et une garantie éventuelle.

Selon M. Rome[3], la preuve est facile, grâce

1. Alauzet, n° 121.
2. Grun et Joliat, n° 64.
3. Rome, n° 38.

aux tables de mortalité et aux tarifs de la compagnie.

A notre avis, les tarifs étant fixés, non
point par le marchandage, mais par les données
scientifiques, la lésion est presque impossible.

Quoi qu'il en soit, si l'on admet que le contrat est nul, il faut nécessairement ajouter que
cette nullité n'est que relative et peut être rati-
fiée expressément ou tacitement. (V. art. 1304
du Code civ.)

Mais que se passe-t-il, si ce n'est plus le
mineur qui contracte, mais si le tuteur contracte en son nom ?

Il est certain que le tuteur peut passer pour
le mineur le contrat d'assurance contre l'incendie, la grêle, où le risque est mentionné,
parce que ces actes sont des actes de pure
administration ; mais en est-il de même pour
l'assurance sur la vie ? Nous pensons que oui, et
ce qui nous décide en faveur de l'affirmative,
c'est l'intérêt considérable que le mineur a à
s'assurer sur la vie.

L'assurance sur la vie est, en somme, un
acte de haute prévoyance et de sage administration. L'on objecte, il est vrai, que le tuteur, ne
pouvant passer de baux de plus de neuf ans, n'a
pas le pouvoir d'engager le mineur pour une
forte prime pendant toute sa vie. Mais l'analogie
n'est pas complète, car le bail de plus de neuf

ans peut être désavantageux pour le mineur, tandis que l'assurance sur la vie lui est généralement avantageuse.

La question est d'ailleurs purement théorique, parce que d'une part, les compagnies d'assurances ne traitent qu'en connaissance de cause, c'est-à-dire après avoir bien examiné l'âge de l'assuré, et que, d'autre part, le paiement des primes est facultatif, ce qui permet au mineur de faire tomber le contrat. S'il est avantageux, le mineur paiera les primes, ce qui, selon l'expression de Couteau, sera de sa part la plus formelle des ratifications.

Aussi, il nous paraît oiseux de se demander si le mineur peut ou non contracter une assurance sur la vie, ou si le tuteur peut la contracter en son nom, puisque, en somme, tout dépend de la ratification postérieure de l'assuré.

B. *Mineur émancipé.* — Le mineur émancipé peut disposer de ses revenus, mais de ses revenus seulement, sans l'assistance de son curateur... Si donc, contractant une assurance sur la vie, il engage et ses revenus et son capital, le contrat est annulable.

2° *Interdit.* — Absolument incapable (art. 502 Code civ.), l'interdit ne peut évidemment contracter lui-même une assurance sur la vie; son tuteur ne le peut pas non plus, parce qu'il est

tenu d'employer les revenus du mineur à adou-
cir son sort et à accélérer sa guérison.

Le contrat passé est attaquable par l'interdit
redevenu maître de ses droits et par ses héritiers.

Toutefois, l'on pourrait penser que l'article 311 du Code civ. permet au tuteur, avec
l'assistance du conseil de famille, de contracter
une assurance sur la vie au profit de l'interdit.

3° *Personne pourvue d'un conseil judiciaire.*
— Nous n'avons pas besoin d'insister sur cette
hypothèse, puisque la situation du prodigue est
analogue à celle du mineur émancipé ; en conséquence, l'assurance sur la vie contractée par
le prodigue sans l'assistance du conseil sera
valable, à condition de n'engager que ses revenus
seuls.

4° *Personnes placées dans un établissement
sanitaire.* — A la différence des interdits, ces
personnes sont parfaitement capables ; seulement, leurs actes peuvent être attaqués postérieurement pour cause de démence. Mais c'est
là une question de fait qui ne doit point nous
arrêter.

Remarquons seulement que l'administrateur
légal de l'établissement n'a point qualité pour
passer, au nom des personnes séquestrées, un
contrat d'assurance sur la vie, et cela parce que
cet administrateur n'est pas leur représentant
légal.

5° *Faillis et liquidés judiciaires.* — Le négociant failli est, aux termes de l'art. 443 du Code de commerce, privé de l'exercice de ses droits et actions : s'ensuit-il qu'il ne puisse contracter une assurance sur la vie ? Nous ne le croyons pas, car le dessaisissement est une mesure qui a pour but, avant tout, de sauvegarder l'intérêt des créanciers du failli [1] et qui, en conséquence, ne s'applique point aux droits personnels du failli.

Le capital versé par l'assureur est il un bien personnel ? Il semble que oui ; d'ailleurs, le négociant failli n'est pas atteint d'une incapacité absolue.

S'il obtient un concordat, il est replacé à la tête de ses affaires ; mais, dans l'hypothèse contraire, c'est-à-dire en cas d'union, le failli, qui peut travailler pour son propre compte, c'est-à-dire faire un nouveau commerce, peut parfaitement employer une part des produits de son travail au paiement des primes de l'assurance.

---

1. *Vide* THALLER, *Trait. élémentaire de droit comm.* 2e édit., p. 865.

LIVRE III

Effets du contrat d'assurance sur la vie entre les parties

Le contrat d'assurance est un contrat synal-lagmatique ; il produit donc entre les deux parties des droits et des obligations réciproques.

L'assuré et l'assureur ont diverses obliga-tions vis-à-vis l'un de l'autre. Il convient donc d'étudier séparément et successivement la situa-tion de l'assuré et celle de l'assureur dans le contrat d'assurance ; et d'ailleurs, comme l'accomplissement des obligations de l'assuré détermine l'accomplissement de celles de l'assu-reur, il est logique d'étudier en premier lieu les obligations de l'assuré.

CHAPITRE Ier

Obligations de l'assuré et droits de l'assureur

L'assuré doit, d'une part, concourir à la formation du contrat, et d'autre part, une fois le contrat formé, doit en exécuter les conditions. Il y a donc lieu d'examiner successivement les obligations de l'assuré au moment de la formation du contrat et, d'autre part, ses obligations au cours du contrat.

SECTION Ire

*Obligations de l'assuré au moment de la formation
du contrat*

L'assurance ne peut être consentie par la compagnie qu'en connaissance de cause. Des renseignements sur l'âge et sur l'état de santé de l'assuré lui sont indispensables. Qui doit fournir ces renseignements ? On est d'accord pour reconnaître que cette obligation incombe à l'assuré.

Il devra donc se soumettre à une visite médicale et déclarer exactement son état de santé.

S'il fait une déclaration inexacte, dissimule son véritable état, il en est responsable : sa déclaration fausse, consistât-elle en une simple réticence, entraîne la nullité du contrat [1].

Mais il est nécessaire, pour que le contrat soit nul, que la déclaration fausse ou la réticence revêtent deux caractères essentiels. D'une part, elles doivent émaner de l'assuré lui-même et, d'autre part, il faut que le dol et l'erreur soient bien manifestes et de nature à vicier le contrat.

Lorsque la compagnie ne s'est pas adressée à l'assuré personnellement, mais a recueilli des déclarations confidentielles sur ses habitudes et son état de santé auprès de personnes étrangères, ces déclarations fussent-elles inexactes et mensongères, de nature à diminuer l'opinion du risque, le contrat n'en est pas moins valable.

Au surplus, l'inexactitude des déclarations de l'assuré lui-même ne saurait influer sur la validité de l'opération, au cas où elle porterait sur un point secondaire. Ne pas révéler une infirmité insignifiante ou, tout au moins, une infirmité qui n'a aucune relation avec le plus ou moins de durée de la vie de ceux qui en sont atteint, est sans conséquence. Il en est de même

---

1. Rouen, 7 mai 1877 (S. 80.2.225). — *Journ. des ass.*, 1877, p. 401. — Paris, 12 février 1878 (S. 80. 2. 230). — Trib de la Seine, 9 avril 1881.

de la non-déclaration d'accidents passagers et disparus sans laisser de traces. Les auteurs et la jurisprudence sont fixés dorénavant sur ce point [1].

Mais il en est un autre qui peut soulever contestation. On suppose que la réticence de l'assuré est caractérisée et indiscutable, et que l'assuré est mort d'une maladie autre que celle qu'il avait cachée, par exemple d'un accident : faut-il décider que le fait de la réticence a pour conséquence d'annuler le contrat ?

En ce cas, se demande M. Couteau, peut-on dire que la réticence n'a causé aucun préjudice à l'assureur, et qu'il est tenu de payer le capital assuré comme en cas ordinaire, puisque le décès s'est produit dans des conditions ordi-ordinaires ? Nous ne pensons pas qu'il puisse en être ainsi. D'abord, est-il bien certain que l'état maladif dissimulé n'a pas eu d'influence sur le décès ? Cet état n'a-t-il pas disposé l'assuré à être atteint plus facilement par la maladie accidentelle qui l'a frappé ? Quoi qu'il en soit, du reste, de cette question médicale, il est certain, en droit, que l'assureur a été trompé,

---

1 Paris, 7 janvier 1879 (S. 80. 231). — Paris, 17 mai 1899 (*Journ. des ass.* 1898, p. 32). — Rouen, 14 novembre 1881 (*Recueil arrêts* Caen et Rouen, 1883, 2, 251). — Chasegrin (*Journal le Droit*, 1er août 1889). — Labbé, note 3, 1880, 2, 226. — Paris, 29 octobre 1886 (*Journ. Trib. com.*, tome xxvi, p. 394, etc.)

que le contrat a été conclu sous l'empire de l'erreur, qu'il ne l'aurait pas été si la réticence n'avait pas eu lieu. Cela suffit pour qu'aux termes formels des polices, il soit annulé.

La question est d'ailleurs une question de fait, ce qui explique les divergences d'opinion de la jurisprudence sur cette matière.

D'une part, la Cour de Rouen, dans son arrêt du 21 janvier 1876, appliquant l'art. 348 du Cod. de comm., a déclaré nul le contrat d'assurance lorsque l'assuré a formellement prétendu qu'il n'était atteint d'aucune infirmité, et que, dans la suite, il est mort d'une affection autre que celle dissimulée.

Mais, d'un autre côté, la Cour de Paris [1] a, dans une autre hypothèse voisine, décidé tout autrement, et déclaré que la réticence n'a aucune importance lorsqu'elle n'a pas trait à la maladie dont est mort l'assuré.

Quoi qu'il en soit du parti que l'on doit prendre sur la question du point de savoir quel est l'effet de la réticence, au cas où l'assuré est mort d'une maladie autre que celle dissimulée, il est certain que le certificat du médecin de la compagnie d'assurances, négatif sur l'existence des maladies de l'assuré, n'est qu'une simple

---

1. *Vid.* Pandectes françaises, *Répertoire alphabétique*, v° *Assurances sur la vie.*

mesure de surveillance et de contrôle pour la compagnie.

Outre les maladies dont il peut être affecté lui-même, l'assuré est tenu de déclarer les maladies héréditaires de sa famille : toute réticence à cet égard est une cause de nullité du contrat.

SECTION II

Obligations de l'assuré durant le contrat

L'assuré doit payer les primes; l'assuré doit prévenir l'assureur de toutes les circonstances qui viendraient aggraver les risques qu'il a pris à sa charge.

A ces deux points se ramènent toutes les obligations de l'assuré.

I. — L'obligation de payer la prime prend naissance, pour le contractant, en même temps que commencent pour l'assureur les risques à courir, c'est-à-dire dès le début du contrat, ou, si l'on aime mieux, le jour même de la signature de la police.

En général, le contractant doit acquitter sa prime chaque année, à l'époque déterminée par le contrat, et en totalité : l'assureur ne saurait être obligé à recevoir des paiements partiels.

Toutefois, les compagnies, pour faciliter aux débiteurs le paiement des primes, permettent de les fractionner par semestre et par trimestre.

En principe, la prime est une cotisation qui doit être acquittée à l'avance ; aucun délai ne devrait être accordé. Dans la pratique cependant, les compagnies françaises accordent pour le paiement des primes un délai de 30 jours ; ce délai pourrait être prorogé par une convention postérieure.

Pour la computation du délai, la Cour d'appel de Rouen, la Chambre des requêtes[1], ont prétendu que les 30 jours devaient se compter, non du jour où la quittance était payable, mais du jour où elle avait pu être présentée à l'assuré. C'est ainsi que, dans l'espèce suivante, une traite afférente à la prime du mois d'août 1870, en supposant qu'elle ait été présentée à l'assuré, n'aurait pu l'être que du 19 au 23 août. Le délai de 30 jours partait donc de cette époque ; mais, dans l'intervalle, Paris se trouva investi et la traite ne put être présentée à l'assuré avant l'expiration des 30 jours. La force majeure mettait obstacle à la libération ; l'assuré mourut avant la levée du siège : l'indemnité devint exigible du jour de la mort.

L'on prétendit que, la traite étant payable

---

1. Arrêts rappelés *supra*.

le 6 août, les 30 jours avaient commencé depuis cette époque, et qu'en conséquence, la prime devait être libérée dans cet intervalle. L'on répondit à juste titre que le créancier a toujours le droit de proroger le délai; que, d'autre part, la prime étant quérable, le délai de paiement se trouvait prorogé jusqu'à la présentation de la prime.

II. — La seconde obligation qui incombe à l'assuré, pendant le cours du contrat, consiste à ne pas aggraver le risque que l'assureur a pris à sa charge. Le risque, en matière d'assurance sur la vie, c'est toute mauvaise chance courue par l'assuré d'être enlevé par la mort.

Ces mauvaises chances sont tout d'abord l'âge, les maladies que peut avoir l'assuré; mais, en outre, la profession, le climat, les voyages lointains, la guerre, peuvent aggraver le risque de mort.

Les compagnies doivent donc être complètement renseignées sur ces diverses circonstances pour pouvoir assurer un individu en connaissance de cause.

Il est évident que l'assureur ne répond point de tous les risques, quels qu'ils soient; il ne répond que des risques prévus par la police d'assurance.

Mais, si la situation de l'assuré vient à changer, si, par exemple, une guerre survient qui l'oblige à se rendre sous les drapeaux, s'il est obligé, pour les besoins de son commerce, d'entreprendre de lointains voyages, le risque se trouve notablement aggravé. La mort est plus probable, plus imminente : c'est ce qu'on appelle aggravation du risque.

Précisons bien en quoi consiste cette **aggravation**. Elle existe évidemment dans les hypothèses ci-dessus, mais existe-t-elle dans l'hypothèse suivante :

Postérieurement à la formation du contrat, l'assuré reçoit une blessure qui avance ses jours, ou bien se trouve atteint d'une maladie chronique impossible à prévoir au moment du contrat ?

Évidemment non. Les contractants restent toujours, en ces hypothèses, dans les termes mêmes du contrat. Pour qu'il y ait aggravation, il est nécessaire que les parties soient sorties des clauses primitives, qu'une mauvaise chance nouvelle, bien spéciale, bien caractérisée, vienne s'ajouter aux autres. D'une façon générale, lorsque cette mauvaise chance survient, il peut y avoir annulation du contrat. En fait, les polices prévoient ces cas, et visent spécialement les risques de mer, les risques de guerre, les risques de voyage et de séjour hors d'Europe, la mort résultant d'une condamnation capitale, d'un duel ou d'un suicide, enfin la mort provenant du fait du bénéficiaire du contrat.

1° *Risques de mer*. — La police est résiliée de plein droit, si l'assuré devient marin de profession, quelles que soient d'ailleurs la durée et la longueur des voyages qu'il accomplira [1].

Mais qui doit être considéré comme marin ? C'est une simple question de fait. Les tribunaux distinguent si l'assuré accomplit habituellement des voyages maritimes comme marin proprement dit, ou comme employé sur un navire de guerre ou de commerce. Le Tribunal de la Seine a décidé, le 2 mai 1876, qu'un individu qui a déclaré, au moment du contrat, exercer en ville la profession d'ingénieur mécanicien, et s'est embarqué ensuite sur un bâtiment en qualité de mécanicien, a aggravé le risque et, par conséquent, ne doit point bénéficier de l'assurance.

2° *Risques de guerre*. — Si l'assuré est militaire au moment où se conclut le contrat, ou s'il le devient postérieurement, la police ne garantit que « les risques de tout service militaire en temps de paix, en France, ainsi que les risques de mort reçue dans la répression d'un attroupement, d'une émeute, d'une sédition et d'une insurrection ». En ce qui concerne l'Algérie et les autres colonies françaises, les

1. *Vide* COUTEAU, n° 393.
2. *Journ. des ass.*, 76, p. 455.

compagnies sont d'accord pour exiger une sur-prime.

En cas de guerre contre une puissance étrangère, **la situation** est tout autre : l'assurance primitive ne peut subsister, à moins d'une convention expresse et spéciale. Cette question fort intéressante a été résolue en fait par les compagnies, qui, ne voulant pas perdre leur clientèle militaire, leur ont imposé une prime spéciale. C'est ainsi que la prime est de 10 % du capital pour les officiers et soldats de l'armée active, pour ceux de l'armée territoriale de 7 %, et de 5 % pour les personnes attachées aux armées, intendants, officiers d'administration, pour les employés détachés des postes, chemins de fer, télégraphes, etc. [1].

Cependant, une question fort intéressante peut surgir : la guerre finie, l'assuré peut-il reprendre le contrat primitif? On est d'accord pour répondre affirmativement. Mais il y a plus : l'on décide que les compagnies peuvent recevoir des contrats d'assurance garantissant le risque de guerre et de mer, sans déclaration préalable et sans paiement d'une augmentation de prime pour les assurés, moyennant une réduction de la valeur des contrats.

3° *Risques de voyage*. — Les personnes qui,

1. Voy. n° 97.

sans être militaires ou marins, accomplissent des voyages hors d'Europe ou hors d'Algérie, sont considérées comme aggravant le risque. Conséquemment, le contrat d'assurance passé avec elles est annulé, à moins qu'une convention spéciale n'ait prévu cette circonstance particulière. Au cas où les voyages eussent été prévus il y aurait lieu à surprime correspondant [1] à l'aggravation du risque.

4° *Suicide, duel, crime entraînant condamnation capitale.* — Il ne faut pas perdre de vue que le contrat d'assurance sur la vie est fait en prévision des risques ordinaires de mort, et que, par conséquent, il doit exclure tous les cas de mort violente provenant du fait du souscripteur. Les polices ont donc eu raison d'exclure, au moins la plupart du temps, les risques de duel, suicide ou condamnation judiciaire : cela est facile à comprendre ; n'y a-t-il pas dans chacun de ces événements un fait qui aggrave le risque, et qui met l'assuré dans une situation dont ne peut répondre l'assureur ? N'est-il pas juste de dire que l'assureur ne doit pas supporter la responsabilité de fait qui n'existe pas dans les calculs du contrat ? C'est ce qu'a pensé la jurisprudence : elle a jugé que lorsque l'assuré se donne la mort par un acte conscient et volon-

---

1. *Vide* Vermot, *op. cit.*, p. 141.

taire, les effets de la police se trouvent annulés,
et qu'il n'est dû aucune indemnité par la
compagnie[1]. Mais il faut que le suicide ait
été conscient et volontaire, et, par conséquent,
la compagnie ne serait pas libérée au cas où
le suicide résulterait d'une aliénation mentale.
Aussi, lorsque les compagnies stipulent que le
suicide annule la police, il faut entendre que
seul le suicide conscient et volontaire peut produire cet effet[2].

L'on peut se demander qui doit faire la
preuve du suicide ou, plus exactement, qui doit
prouver que le suicide a été conscient et volontaire : est-ce l'assureur ? est-ce le bénéficiaire
de l'assurance ?

Il nous semble que cette preuve doit être
faite par l'assureur. Celui-ci, en effet, pour se
libérer de son obligation, invoque un fait anor-
mal, à savoir, la fraude, le crime ; il doit donc
en faire la preuve. Toutefois, cette règle comporte une exception : à supposer que l'assureur
ait établi la preuve du suicide, si le bénéficiaire prétend que le suicide, dont la preuve
est dorénavant acquise, a été causé par le fait

---

1. Trib. de la Seine, 3 juillet 1884 (*Recueil juridique des Assurances* 1884, p. 485 ; *Journal des Assurances* 1885, p. 108).

2. Voir, à ce sujet : Trib. civ. de la Seine, 1854 (*Jour. des Ass.*;
1885, p. 326) ;—Paris, 30 nov. 1875 (D 77, 2, 132).—Cass.,3 août 1875 (S.
77, 1, 25. — *Contra* : Bruxelles, 2 juin 1851 (*Belg. jud.* 1852, p. 15);—
Montluc, n° 107; — Vibert, p. 117.

de l'aliénation mentale de l'assuré, c'est à lui
de prouver l'existence de cette aliénation mentale.

C'est qu'en effet, le bénéficiaire invoque
une exception et, ce faisant, devient demandeur.
La règle *reus in exceptione fit actor* est donc
applicable à cette hypothèse [1].

Duel. — Si l'assuré est tué en duel, peu importe qu'il ait été provoqué ou provocateur ; la
jurisprudence ne distingue pas, et décide unani-
mement que le contrat d'assurance est résilié
par le fait du duel [2].

Peine capitale. — L'assuré est encore considéré comme ayant mis fin volontairement à sa
vie, si, après avoir commis un assassinat, il
encourt la peine capitale. Il est intéressant de
rappeler à ce propos les faits du procès Eyraud.
Eyraud était l'assassin de Gouffé, et, antérieurement à son crime, il avait contracté en
Angleterre une assurance sur la vie, dont il
avait payé les primes jusqu'en 1890 ; une seule
année restait en retard. Or, les compagnies
anglaises, en cas de retard d'une année pour
le paiement de la prime, annulent le contrat
d'assurance, à moins que l'année suivante

---

1. *Vide* : Trib. de la Seine, 1er avril 1875 *(Journ. des ass.*, 79, p.23 ;
— Caen, août 1876 *(Ass.*, 76, p.450, *op. cit.*, n° 178); — Couteau, *op. cit.*,
n° 399 et suiv. — *Contra*, Lyon, 17 fév. 1891 *(Gaz. Trib.*, 1er avril 1891).
2. Herbault, *op. cit.*, n° 178 *bis*.

on ne paie deux termes. Mme Eyraud offrit de payer les deux termes. La compagnie répondit qu'Eyraud, en s'exposant à une condamnation à mort, s'était pour ainsi dire suicidé lui-même, et qu'en conséquence le contrat était résilié. L'on répondit qu'il n'était nullement certain qu'Eyraud subît la peine de mort, puisqu'il pouvait bénéficier de circonstances atténuantes ou d'une grâce; qu'enfin, durant le procès, il pouvait mourir de mort naturelle.

Cette intéressante contestation ne fut pas jugée : la compagnie d'assurances préféra transiger avec Mme Eyraud [1].

1. *Vid. Pand. fr.*, v° *Assurance sur la vie.*

CHAPITRE II

Des droits de l'assuré et des obligations de l'assureur

On dit généralement que l'assureur est tenu de deux grandes catégories d'obligations : l'obligation de gérer les mutualités et l'obligation de payer l'indemnité stipulée dans l'assurance.

En réalité, une seule obligation incombe finalement à l'assureur, à savoir, celle du paiement de l'indemnité ; mais cette obligation en détermine conséquemment une autre, qui est la gestion des mutualités, parce que c'est seulement par une bonne gestion que l'on peut arriver au paiement de l'assurance.

Nous dirons donc, avec la généralité des auteurs, qu'il est possible de classer en deux grandes espèces les obligations de l'assureur, et qu'il est tenu : 1° de la gestion des mutualités, et 2° du paiement de l'indemnité.

SECTION Ire

Gestion des mutualités

Les assurés sont des associés groupés en mutualité.

L'assureur est seulement le gérant de la société, et, comme tel, il doit veiller à l'observation stricte des statuts

Si donc nous voulions examiner les obligations de l'assureur à ce point de vue, il nous faudrait prendre un à un les statuts d'une société d'assurances quelconque, et examiner, à propos de chacun d'eux, quelle est l'obligation de l'assureur. Nous ne pouvons entreprendre cette tâche; disons seulement, en quelques mots, quel rôle doit jouer l'assureur en général.

La première chose à laquelle il doit veiller, c'est à n'admettre parmi les assurés que des personnes qui se trouvent dans les circonstances prévues et normales. Cela suppose qu'il doit veiller à ce qu'il n'y ait pas d'aggravation de risque.

Dans un autre ordre d'idées, c'est lui qui doit veiller à la gestion des réserves.

En somme, tout ce qui touche à l'administration de la Compagnie est du ressort de l'assureur, qui agit seul sous la surveillance du gouvernement.

Quant à l'assuré, il ne peut s'immiscer dans la fonction de l'assureur. Il ne veille donc point à ce qu'il n'entre dans l'assurance que des assurés se trouvant en des conditions normales; il n'a rien à voir dans la gestion des réserves.

Toutefois, si les assurés avaient de solides raisons de craindre le dol ou la fraude de l'assureur, ils pourraient avertir le fonctionnaire de l'État chargé de la surveillance. Ils ont un moyen plus radical, celui de cesser leur assurance.

Ainsi donc, la part que l'assuré et l'assureur prennent dans la gestion des mutualités est parfaitement délimitée. L'assureur, étant le gérant, doit conduire la société et veiller à son bon fonctionnement; l'assuré est en dehors de la gestion.

Toutefois, une question se pose en ce qui concerne la participation aux bénéfices.

Généralement, les polices portent que le conseil d'administration a seul le droit de déterminer la somme et le mode de calcul qui servent à établir le chiffre des bénéfices réalisés et l'époque des répartitions. Elles ajoutent que nul n'est admis à vérifier les comptes dressés, lorsqu'ils ont été approuvés par l'assemblée générale des actionnaires. Il semble bien que les termes de ces polices soient absolus, qu'il n'y ait rien à dire là contre, et que toujours l'assureur est seul juge de la répartition des bénéfices.

Mais cependant, il est une considération qui fait échec aux clauses ainsi libellées.

Qu'est-ce que le droit à une part des bénéfices? Il s'analyse en un droit de créance appartenant à l'assuré. Or, il est difficile de ne point admettre que le contractant, l'assuré, n'ait aucun droit de contrôle à raison de sa créance. C'est ce qu'ont pensé diverses cours d'appel. En particulier, la Cour de Caen [1] a jugé que l'assuré a, tout au moins, le droit d'exiger de la Compagnie un état sommaire indiquant les bases sur lesquelles était faite la répartition des bénéfices.

Mais il faut reconnaître que la majorité de la jurisprudence et des auteurs n'est point en ce sens. L'on juge que, lorsque l'assemblée générale s'est prononcée, il n'y a point à revenir sur sa décision, et que, par conséquent, l'assuré est mal fondé à faire vérifier les comptes par un expert comptable, sauf en cas de dol où de fraude [2].

[1]. Caen, 6 avril 1869 (S, 70, 2. 80 ; *Recueil* arrêts de Caen et de Rouen, 1869, 1, 1).

[2]. *Vide*: COUTEAU, *op. cit.* n° 428; — Paris, 27 juillet 1878 (*Journ. des ass.*, 78, p. 408 ; S. 78, 2, 212); — Trib. comm. de la Seine, 9 oct. 1884 (*Journ. La Loi*, 24 oct. 1887).

On essaie d'échapper à ces décisions en disant que la répartition consentie par l'assemblée générale ne peut être attaquée, en tant qu'elle s'applique d'une façon collective à l'assemblée des assurés, mais qu'elle peut être au contraire combattue, au cas où la quote-part des assurés n'aurait pas été déterminée préalablement par des conventions antérieures passées entre chaque assuré et la compagnie.

Quoi qu'il en soit de cette opinion, il semble que, jusqu'ici, elle ne triomphe point en jurisprudence. Elle repose sur l'idée que le capital assuré est formé à l'aide de primes accumulées; or, cette idée, selon M. Couteau[1], est fausse. En somme, les assurés ne peuvent point considérer vraiment comme une créance la part de bénéfices qui leur revient.

SECTION II

Paiement de l'indemnité

La seconde obligation principale de l'assureur, c'est le paiement de l'indemnité de l'assurance.

Délai de paiement. — Ce paiement doit être effectué lorsque la condition est remplie, c'est-

1. COUTEAU, *op. cit.* n° 428 et ss.

7-L

à-dire lorsque le décès de l'assuré est survenu. Mais, en règle générale, les compagnies ne paient pas l'indemnité immédiatement. Elles ont coutume d'observer un délai de trente jours pour le paiement : le délai s'explique, parce qu'il est nécessaire que le bénéficiaire fournisse à la compagnie les pièces justificatives, qui sont son acte de naissance et l'acte de décès de l'assuré. Il doit aussi remettre à la compaguie la police, qui est la constatation du contrat d'assurance. Comme ces pièces exigent un certain temps pour être complètement recueillies, le délai de trente jours s'explique fort bien.

A qui et comment doit être fait le paiement? — Le paiement est fait sans fractionnement, parce que nul n'est tenu de recevoir un paiement partiel. Il est fait au domicile du débiteur (art. 1242) [1]; il est fait aussi, conformément à l'art. 1239 du C. civ., au créancier ou à son représentant légal. Naturellement, si le créancier refusait sans droit d'accepter le paiement, la compagnie pourrait recourir aux offres réelles et à la consignation. Enfin, le paiement doit être fait sans retard, et si, après la mise en demeure, la compagnie ne payait point, elle serait débitrice d'intérêts courant du jour de la

---

1. Cass., 1ᵉʳ déc. 1879 (S. 81. 1. 27). — Cass., juin 1878 (S. 79. 1 357).

mise en demeure[1]. Comme on le voit, le paiement de l'indemnité, en matière d'assurance
sur la vie, subit les règles générales du
paiement.

Cependant, une circonstance spéciale peut
se présenter : celle où l'assuré a perdu sa police
d'assurance.

Perte de la police. — Les polices stipulent
que le paiement aura lieu trente jours après la
remise de la police ; mais comment procéder,
au cas où le double de la police a été perdu ?
Difficulté grave, augmentée encore par ce fait
que l'assurance est transmissible par endossement.

Que se passera-t-il ? Celui qui prétend avoir
droit au capital de l'assurance se présentera au
guichet de la compagnie ; mais, s'il ne présente
sa police, la compagnie refusera le paiement,
sous prétexte que l'assurance est transmissible
par voie d'endossement, que peut-être elle a été
transmise en tout ou en partie, et que la compagnie s'expose à voir surgir plus tard un
nouveau bénéficiaire en possession de la police,
qui, lui aussi, exigera le paiement.

C'est donc agir avec prudence que de refuser
le paiement de l'indemnité à quiconque ne
présente pas le double de la police.

---

1. Sur ce point, *vide*: COUTEAU, n° 413 ; —HERBAULT, n° 164. ·Cass.,
24 janv. 1879 (S. 59. 1. 478) ; — HERBAULT, n° 161.

Que se passe-t-il donc en cas de perte de la police par l'assuré ? Le Tribunal de commerce de la Seine, devant lequel se présenta la question, en 1850, décida :

1° Que la perte de la police ne libère pas la compagnie, puisque l'assuré aurait pu la transmettre ;

2° Que la compagnie doit verser le montant de l'indemnité à la Caisse des dépôts et consignations.

Ce jugement du Tribunal de commerce de la Seine a tracé la voie à la jurisprudence postérieure, qui, aux dispositions ci-dessus relatées, a ajouté une formule en vertu de laquelle la Caisse des dépôts et consignations est tenue de placer à 3 % le capital déposé [1].

Cette solution ne satisfait pas tout le monde. En effet, le bénéficiaire ne touche point l'indemnité qui lui est due : n'y a-t-il pas un moyen d'y remédier ? Cette question a beaucoup préoccupé les publicistes, qui ont tenté de trouver un remède à cet état de choses défectueux.

Les uns ont pensé que les compagnies devraient insérer dans leurs statuts des clauses relatives à la perte de la police, et trouver les moyens pour l'assuré de se la faire restituer.

---

1. Sur tous ces points, voir : Trib. com. Seine, 13 décembre 1851 D. 52. 5. 33) ; — BONNEVILLE DE MAISANGY, 2e partie, p. 128 ; — Trib. Seine, 17 juin 1893 (*Journ. trib. com.*, t. XXIII, p. 147).

D'autres ont pensé que la police d'assurance pourrait s'assimiler parfaitement à un titre à ordre ou à un titre au porteur, et qu'on pourrait lui appliquer les règles que la loi a formulées pour le cas de perte d'un titre au porteur.

La vraie solution ne serait-elle point celle proposée par M. Perrin? N'y aurait-il pas un remède typique au fâcheux état de choses qu'entraîne nécessairement la perte de la police? Si l'on était obligé de passer le contrat d'assurance devant notaire, la minute du notaire conserverait la police, et les frais de l'assurance ne seraient pas considérablement augmentés.

Quoi qu'il en soit, à défaut d'un texte législatif, la jurisprudence que nous avons étudiée ci-dessus devra être suivie par les cours et les tribunaux [1].

SECTION III

Des droits de l'assuré

Le contrat d'assurance a pour but généralement le paiement d'une somme après décès; ce n'est donc pas exactement l'assuré lui-même

---

1. Le cas où la perte de la police se révèle du vivant de l'assuré donne lieu à une question : l'assuré peut-il réclamer un duplicata de la police ? La plupart des auteurs sont d'accord pour décider que oui, à condition que la perte soit survenue par un fait indépendant de la volonté de l'assuré.—V. Trib. de la Seine, 12 juin 1823 (*Jour. trib. comm.*, TOM. XXIII, p. 147).

qui en profite. Donc la principale obligation de l'assureur, à savoir, le paiement de l'indemnité, n'est point contractée au bénéfice de l'assuré lui-même.

Toutefois, il est certains cas où l'assuré lui-même profite du bénéfice de l'opération. Ces cas se présentent :

1° lorsque l'assurance est contractée en cas de vie : dans cette hypothèse, l'assuré touche le capital assuré, s'il existe encore au terme fixé ;

2° Lorsque l'assuré recourt à la combinaison appelée l'assurance mixte, c'est-à-dire assurance faite à la fois en cas de vie et en cas de mort ;

3° Enfin, lorsque l'assuré se contente de faire avec la compagnie l'opération consistant en une rente viagère. Hormis ces trois cas, ce n'est pas l'assuré qui profite de l'indemnité.

Mais est-ce à dire qu'il ne jouisse point lui-même de certains droits ? Non.

L'assuré peut continuer de payer ses primes ; dans ce cas, il a droit à participer aux bénéfices. Nous n'insistons pas sur cette espèce de droit ; nous en avons déjà parlé.

Ou bien il cesse de payer ses primes ; dans cette hypothèse il a le choix entre deux partis : il peut, ou faire racheter sa police, ou faire réduire son assurance par la compagnie.

Or, voici la question qui se pose en présence de ces deux dénouements possibles de la situation : de ces deux solutions, *laquelle se produit de plein droit comme conséquence immédiate de la cessation du paiement des primes?* Elles ne peuvent être mise sur la même ligne; l'une se produira *ipso facto*, parce qu'elle constitue le droit acquis, l'autre n'est qu'une faculté laissée aux parties, et conséquemment, pour son adoption, il faudra un acte de volonté.

En règle générale, on admet que la réduction se produit de plein droit, tandis que le rachat exige une intervention nouvelle de volonté, et n'est présenté que comme une faculté secondaire. Souvent les polices portent : « l'assurance est réduite, suivant les procédés de calcul de la compagnie, si les primes des trois premières années au moins ont été payées. »

La somme réduite reste payable au décès de l'assuré; par contre, elles décident en général que la compagnie rachète à la demande des intéressés; mais ce n'est pas là une règle absolument intangible, et qu'il soit possible de généraliser dans tous les cas. La vérité, c'est qu'il faut avant tout tenir compte de la véritable volonté des contractants, même tacite, et il peut se faire que le rachat soit la situation acquise, la solution de droit. Les termes de la police peuvent être une indication, sans pour cela devoir être rigoureusement interprétés. M. Maurice Deslandres dit que les termes de la police ne prouvent rien. Faut-il s'attacher, ajoute-t-il, au caractère du droit à la réduction ? Doit-on chercher à résoudre la difficulté par l'examen de la combinaison que fait naître ce droit ? A première vue, il semble résulter de cet examen que la réduction est un droit acquis, existant lors de la cessation de paiement des primes.

D'où provient, en effet, le droit à la réduction ? De ce fait que, dans les premières années de l'assurance vie entière, l'assuré paie plus qu'il ne doit pour l'assurance de ces années. C'est l'excédent des primes fixes de l'assurance vie entière sur les primes variables des assurances annuelles qui fait naître le droit à l'assurance réduite.

Ne peut-on pas dire, dès lors, que ce droit est acquis immédiatement par le versement de ces primes exagérées?

Chaque prime jouerait ainsi un double rôle.

Pour sa quotité correspondant à l'annuelle, elle ferait acquérir le droit à l'indemnité stipulée, droit soumis à la condition de la mort de l'assuré dans l'année.

Pour son excédent, elle ferait acquérir accessoirement une assurance définitive, s'étendant jusqu'à la mort de l'assuré, en fonctionnant comme la prime unique d'une assurance vie entière.

De la sorte, l'assurance réduite serait le total de toutes ces assurances accessoires acquises lors du paiement de chaque prime, et ainsi l'assurance réduite existerait bien de plein droit, serait déjà bien acquise quand on cesserait de payer les primes.

Mais cette interprétation des faits est fausse; la preuve est facile à en donner.

Que l'on suppose l'assuré mourant après quatre années d'assurance : à ce moment, s'il avait cessé de payer les primes, il aurait eu droit à l'assurance réduite. Que paiera la Compagnie à sa succession ?

Rien que l'indemnité stipulée. Elle ne tiendra pas compte de ce qu'il a payé des primes plus fortes qu'il n'aurait été nécessaire pour arriver à ce résultat. Les excédents des primes fixes payées sur les primes variables qui auraient été suffisantes pour obtenir chaque année l'assurance, n'ont pas fait acquérir accessoirement à l'assurance pour la somme stipulée des assurances secondaires. Il n'y a donc que l'assurance pour l'indemnité convenue qui soit acquise par le paiement des primes. On ne peut pas dire, par suite, que l'assurance réduite existe de plein droit, quand on cesse le paiement des primes, parce qu'elle a été acquise au moment et par le fait du versement des primes payées.

La réfutation de cette analyse des faits que l'on pourrait être tenté de présenter, nous montre ceci, à savoir que, dans l'assurance telle qu'elle est pratiquée, l'assurance réduite n'est pas acquise, pendant le cours même du contrat, par le paiement des primes.

Elle ne prend donc naissance qu'au jour où les primes ne sont plus payées; et, si elle existe de plein droit à ce moment, n'existant pas auparavant, ce ne peut être qu'en vertu d'une volonté conforme de l'assuré. Il faut supposer, pour qu'il en soit ainsi, que l'assuré a entendu, en passant le contrat, que cette solution suivrait *ipso facto* le défaut de paiement de primes.

Cette intention est-elle présumable chez l'assuré ? C'est en somme à cette question que le problème se ramène.

Pour nous, cette présomption n'est pas conforme à l'esprit qui anime le contrat d'assurance, et c'est pourquoi nous admettons que le rachat est la solution de droit quand le versement des primes s'arrête.

Nous espérons avoir montré que le contrat d'assurance est annuel, qu'il se renouvelle chaque année par le paiement de la prime, manifestant la volonté de l'assuré de former le contrat à nouveau. La nature essentiellement variable des conditions dans lesquelles et en vue desquelles l'assurance est souscrite, doit, à notre avis, faire donner cette interprétation à la règle du paiement facultatif des primes, et cette opinion nous paraît confirmée par la manière dont les opérations sont conduites, et par la rédaction même des polices.

Or, voici notre raisonnement : si, à la fin d'une année, pour poursuivre une assurance dans les conditions normales prévues , pour continuer l'assurance purement et simplement, il faut une volonté nouvelle et précise de l'assuré, n'est-il pas absolument logique de dire qu'en cas de cessation de paiement des primes, pour maintenir l'assurance dans les conditions tout à fait nouvelles de l'assurance réduite, il faut un acte de volonté de la part de l'assuré ?

Nous le pensons, et, par conséquent, si, pour la réduction de l'assurance, il faut une volonté conforme de l'assuré, elle ne se produit pas *ipso facto* de plein droit, et c'est le rachat qui est la solution acquise, sauf volonté contraire de l'assuré lors de la cessation de paiement des primes.

CHAPITRE III

Droits des créanciers de l'assuré

Maintenant que nous connaissons les droits de l'assuré, il nous est facile de déterminer les droits de ses créanciers.

Tout d'abord, le profit de l'assurance est une valeur active du patrimoine du débiteur; d'où résulte qu'il fait partie du gage général des créanciers. Ceux-ci ont donc le droit de pratiquer une saisie-arrêt pour empêcher les droits issus de ce contrat au profit des débiteurs de leur échapper, soit par une aliénation qu'il ferait, soit par un paiement qu'il recevrait, et dont il dissiperait les bénéfices [1].

En second lieu, ils peuvent se prévaloir des droits dont le contrat a investi leur débiteur, et exercer l'action oblique que leur confère l'article 1166 C. civil.

Enfin, en troisième lieu, ils peuvent user des droits que leur reconnaît l'article 1167, si le contrat passé par leur débiteur est frauduleux et leur soustrait une partie de leur gage.

Il nous faut maintenant étudier séparément ces trois points différents.

---

1 Article 557 et suivants C. pr. civile.

PREMIER POINT

DROIT DE SAISIE-ARRÊT

Les créanciers peuvent, ou bien former opposition au paiement de la part des bénéfices qui revient au contrat passé par leur débiteur, ou bien former opposition pour la créance du rachat que l'assuré peut exercer contre la compagnie en cessant de payer ses primes, ou encore saisir-arrêter la créance d'indemnité que la mort de l'assuré rendra exigible.

Cette saisie-arrêt devient inutile lorsque l'assuré est déclaré en faillite : l'article 443 du Code de commerce, en prononçant le dessaisissement, met les créanciers à l'abri des actes de leur débiteur.

A propos de ce droit de saisie-arrêt, une question se pose, celle de savoir si ce moyen constitue la seule garantie des créanciers; nous le croyons, et nous n'admettons pas que les créanciers puissent procéder, en présence d'une assurance, par voie de saisie-exécution.

C'est qu'en effet, les créances, qui sont des biens incorporels, ne sont point soumises à cette sorte de saisie, et qu'au point de vue pratique, la saisie-exécution des rentes serait une ruine pour le débiteur, les créances à terme ou conditionnelles subissant dans la vente une dépréciation considérable et vraiment désastreuse du fait de la saisie [1].

DEUXIÈME POINT

DROIT D'INVOQUER LES DROITS DU DÉBITEUR POUR LE CRÉANCIER. (Art. 1166 C. civ.)

L'incurie du débiteur à l'égard de l'exercice des droits de son patrimoine ne doit pas nuire au créancier ; il était donc indispensable d'armer le créancier d'une façon particulière vis-à-vis de ses droits : c'est le but de l'article 1166. Cet article tend à permettre aux créanciers d'agir de manière à faire aboutir les droits de leur débiteur à des résultats positifs; mais, pour cela, il exige une condition. Le créancier n'agit que pour sauvegarder son gage général sur le patrimoine du débiteur.

Or, seuls les droits définitivement acquis font partie du patrimoine ; il en résulte donc que les créanciers seraient mal venus à passer toute espèce de contrats, sous prétexte qu'ils pourraient enrichir leur débiteur, lui faire acquérir de nouveaux biens.

Ils agissent donc, non point pour augmen-

1. ROGER, *De la saisie-arrêt*, 2ᵉ éd , nᵒ 168.

ter leur gage, mais pour le sauvegarder : ce criterium devait être rappelé avant d'entrer dans
l'examen des droits des créanciers de l'assuré,
relativement à l'application de l'article 1166.
Appliquons-le maintenant et demandons-nous
quels sont les droits que les créanciers d'un
assuré peuvent exercer en vertu du contrat d'assurance.

L'assurance, avons-nous dit, se forme chaque année ; il appartient à l'assuré de renouveler ou de laisser tomber le contrat ; c'est là,
pour lui, un droit bien déterminé : les créanciers peuvent-ils exercer ce droit à son défaut ?
Nous ne le croyons pas, parce que, si ce droit
n'a point pour effet immédiat de grossir le
patrimoine du débiteur, au moins doit-il, dans
un avenir plus ou moins éloigné, l'accroître
en lui faisant acquérir la créance d'indemnité.
Par le paiement des primes, l'assuré n'a point
pour but de maintenir un droit préexistant,
mais d'acquérir un droit nouveau.

Ce raisonnement nous empêche d'accorder
au créancier le droit de se prévaloir de l'article
1166 en cette circonstance.

Mais il est peut être une ressource qui reste
au créancier, celle de se présenter, non comme
créancier agissant en vertu de l'article 1166,
mais bien plutôt comme gérant d'affaires et, à ce
titre, payer les primes.

Cette ressource se présente au cas d'absence du débiteur : est-il présent, le débiteur, pour ne point entrer en lutte avec ses créanciers, consentira à continuer l'assurance ; mais au cas d'absence, il serait injuste de dire que l'opération que le débiteur aurait sans doute consentie à poursuivre se trouve empêchée. Il est plus équitable de leur reconnaître la qualité de gérants d'affaires et, par ce moyen, d'éviter une injustice, une rigoureuse conséquence qui résulterait d'une circonstance toute accidentelle.

Relativement à la question qui nous occupe, l'on peut se demander si, en cas de faillite, le syndic, dont la situation est sensiblement la même que celle des créanciers, en dehors de la faillite, peut user des mêmes droits, continuer l'assurance au défaut ou même contre le gré du failli. Les pouvoirs du syndic constitué par la loi, représentant légal du failli dessaisi de l'administration (art. 443), ne s'opposent point à notre solution; le syndic peut vendre des biens sujets à dépérissement, administrer le fonds de commerce : comment ne pourrait–il point entretenir une assurance entreprise antérieurement? Si on lui refuse cette faculté, fatalement la continuation de l'assurance est impossible, puisque le failli, dessaisi de l'administration de ses biens, ne peut payer la prime nécessaire à son maintien. Or, c'est là une conséquence fàcheuse qu'il faut à tout prix éviter ; il est donc logique de reconnaître que le syndic, représentant légal du failli, puise dans cette qualité les pouvoirs suffisants pour continuer l'assurance qui, sans cela, s'éteindrait.

Toutefois, on a opposé à cette solution un argument qui, au premier abord, peut paraître très sérieux : l'assuré , a-t-on dit, doit consentir lui-même à la continuation de l'assurance, laquelle est un contrat essentiellement personnel.

Cette considération ne nous arrête point. Sans doute, il est vrai de dire, et nous l'avons affirmé nous-même, que l'assurance comporte un caractère de personnalité ; mais c'est seulement lorsqu'il s'agit d'établir une assurance que cette considération a son prix ; l'assurance une fois établie, rien ne s'oppose à ce que le syndic la continue : les spéculations douteuses, le jeu, le pari ne sont point à craindre. L'acte du syndic a pour but simplement de maintenir une situation créée par le failli; il ne renferme point pour lui un danger nouveau; aucune cause légitime ne semble y mettre obstacle.

Ainsi donc, alors que les créanciers ne peuvent continuer l'assurance en vertu de l'article 1166, ils leur est possible, en certains cas, de le faire en prenant la situation de gérants d'affaires,

8-L

et,en tout cas, le syndic de la faillite est autorisé à la continuer.

Relativement au droit au rachat, les créanciers peuvent-ils l'effectuer ?

Deux situations peuvent se présenter, dans lesquelles ils pourront invoquer ce droit; il faut les examiner séparément.

L'assuré cesse de payer les primes d'assurance : ses créanciers peuvent-ils demander à la compagnie la valeur de rachat? Voilà une première question.

L'assuré veut continuer l'assurance, payer une nouvelle prime annuelle dans ce but: ses créanciers peuvent-ils encore s'emparer du droit au rachat? Voilà une deuxième question.

La première ne peut faire de doute pour nous. Si nous avons établi, comme nous avons cherché à le faire, que le rachat était la situation acquise, le droit direct obtenu lors de la cessation des primes, il en résulte inévitablement que les créanciers peuvent s'en emparer. Il y a là une créance existante, pour l'exercice et non pour la naissance de laquelle il faut simplement former une demande.

Pourquoi les créanciers ne pourraient-ils pas former cette demande, exercer ce droit?

Il en serait différemment si le rachat n'était qu'une faculté laissée à l'assuré de modifier une situation acquise. La volonté seule de l'as-

suré pourrait alors s'emparer de cette faculté.
Les créanciers ne pourraient pas modifier, en
l'exerçant, la situation de droit de leur débiteur ; ils ne peuvent, nous le savons, que s'emparer de son patrimoine tel qu'il se trouve ; ils
ne peuvent pas innover. Mais telle n'est pas la
solution que nous avons admise.

Plaçons-nous maintenant dans la seconde
hypothèse : le débiteur assuré veut payer la
prime afférente à une nouvelle année ; ses créanciers peuvent-ils exercer le droit au rachat ?

La conséquence, si on admet l'affirmative,
sera celle-ci : le rachat mettra fin à l'ancien
contrat d'assurance. Par suite, d'une part, la
compagnie ne sera plus obligée d'accepter le
paiement de la prime offerte par l'assuré ; c'était
une conséquence du contrat. D'autre part, la
prime, si elle est acceptée par la compagnie, ne
fera pas revivre l'ancien contrat ; elle en inaugu-
rera un nouveau dans de nouvelles conditions,
avec une diminution de l'indemnité, car de
deux assurances dont les primes sont égales,
celle qui est recommencée à un âge plus avancé
donne droit à une indemnité moindre, cela est
évident.

Cet aperçu des conséquences qu'entraînerait
l'adoption de l'affirmative nous en écarte.

Nous reconnaissons bien qu'à la fin de chaque
année d'assurance, il y a un droit au rachat

droit né, droit actuel, droit acquis au profit de l'assuré ; mais ce n'est pas le seul droit qui existe pour lui. Il peut poursuivre l'opération d'assurance, maintenir le contrat dans les termes mêmes où il a été conclu.

Or, nous n'admettons pas que le créancier puisse se prévaloir du droit au rachat, et porter atteinte par là au droit de l'assuré de continuer l'assurance.

L'assuré demeure libre de l'administration de son patrimoine, même s'il a contracté des dettes ; or, ce serait, pour les créanciers, porter atteinte à cette administration que de mettre l'assuré hors d'état de maintenir son assurance en exerçant, malgré lui, le droit au rachat.

Nous ne pensons pas que les créanciers, pour exercer un droit de leur débiteur, puissent ainsi en sacrifier d'autres, anéantir un contrat susceptible de produire d'autres effets [1].

TROISIÈME POINT

ACTION PAULIENNE

Reste à envisager l'application de l'action paulienne en cette matière : d'après l'art. 1167 du

1. Cette solution a été adoptée pour divers motifs par M. Couteau, t. II, 450, par MM. Agnel et de Corny, *Manuel général des Assurances*, et par la Cour de Rouen, 18 janvier 1884 (*Journal des Ass.*, 1884, p. 550).

Code civil, les créanciers peuvent attaquer les actes frauduleux de leurs débiteurs. Ce droit peut-il s'exercer en présence d'une assurance sur la vie? La question est délicate : c'est qu'en effet, pour que l'acte à titre onéreux accompli par le débiteur soit attaquable, il faut prouver qu'il augmente son insolvabilité. Or, d'une part, il est presque sans exemple que des compagnies traitent avec des insolvables, et, d'un autre côté, l'on peut se demander s'il est possible au débiteur d'augmenter son insolvabilité en contractant assurance ; car si. d'un côté, il s'appauvrit en payant la prime, par contre il s'enrichit en devenant créancier de l'indemnité.

Toutefois, il faut reconnaître que cette circonstance n'empêche pas l'exercice de l'action paulienne ; la substitution d'un bien à un autre d'égale valeur peut être désavantageuse aux créanciers et conséquemment frauduleuse. Or, dans l'hypothèse de l'assurance, les créanciers éprouvent un préjudice : ils pouvaient auparavant compter sur une somme d'argent sur laquelle ils pourraient se payer de suite, tandis que, l'assurance contractée, ils se trouvent en présence d'une créance d'indemnité incertaine dans son quantum ; d'où nous concluons qu'en matière d'assurance, l'action paulienne est parfaitement admissible.

Ceci posé, il est facile de déterminer les effets de l'action paulienne exercés par les créanciers de l'assuré. Si le créancier triomphe dans son action, le contrat est réputé n'avoir pas eu lieu. Par suite, la compagnie restitue les primes au créancier jusqu'à concurrence de ses créances ; mais la compagnie peut, après avoir restitué les primes, se retourner du côté du débiteur et exiger le remboursement des primes restituées. L'ayant garanti pendant un certain temps, elle a couru des risques ; les primes sont la rémunération de ces risques, elle y a droit. L'assuré refuse-t-il de rembourser ses primes, la compagnie peut refuser de continuer l'assurance.

Nous pouvons maintenant donner une idée d'ensemble des droits des créanciers de l'assuré, ils peuvent :

1° S'assurer par la saisie-arrêt les bénéfices pécuniaires à provenir un jour de l'assurance ;

2° Maintenir celle-ci quand l'assuré n'est pas opposant, se saisir de la valeur du rachat quand l'assuré cesse de payer les primes ;

3° Enfin, attaquer l'assurance lorsqu'elle a été faite en fraude de leurs droits.

Leurs droits sont donc assez étendus ; ils se résument en cette formule : les créanciers peuvent conserver les bénéfices à provenir de l'assurance ; il leur est possible même d'amener celle-ci à d'heureux résultats, mais il leur est interdit de se substituer à leur débiteur dans l'administration de sa fortune.

LIVRE IV

De l'assurance au point de vue des tiers

ASSURANCE CONTRACTÉE AVEC ATTRIBUTION DU BÉNÉFICE
OU CÉDÉE POSTÉRIEUREMENT A SA SOUSCRIPTION

Si l'on se bornait à étudier l'assurance comme nous l'avons fait jusqu'ici, c'est-à-dire en supposant qu'elle ne contient aucune attribution de bénéfice, ou n'est l'objet d'aucune cession, l'on donnerait une idée fausse de l'assurance sur la vie.

Pratiquement, en effet, l'attribution du bénéfice et la cession sont l'état normal de l'assurance sur la vie. Il nous faut donc maintenant rechercher quels sont les droits qui naissent de ces deux actes juridiques différents, quelle est la situation du tiers bénéficiaire et celle du tiers cessionnaire.

L'étude de ces deux situations respectives fera l'objet de notre Livre IVme.

CHAPITRE Ier

Droits du bénéficiaire

En ce qui concerne l'attribution du bénéfice de l'assurance, deux hypothèses peuvent se présenter.

On peut supposer, en effet, que le bénéfice de l'assurance est attribué à des tiers déterminés, ou, au contraire, qu'il est attribué à des tiers indéterminés. Il est nécessaire de distinguer ces deux cas différents, parce que l'incertitude de la désignation peut entraîner des conséquences particulières qui modifient les effets de la clause attributive.

Nous verrons d'abord quelle est la situation des bénéficiaires déterminés.

SECTION Ire

Bénéficiaires déterminés

La question qui domine cette étude est évidemment celle de savoir quels sont les droits des bénéficiaires ainsi désignés ; mais, avant de la résoudre, il est nécessaire de connaître la nature juridique de l'acte qui a lieu quand l'assuré désigne un bénéficiaire. Plusieurs théories ont été proposées; il nous faudra les examiner et en peser la valeur. Avant d'entrer dans l'examen détaillé de chacune d'elles, il nous faudra déterminer les desiderata auxquels elles doivent répondre pour être légitimes, si bien que notre examen se divisera comme suit :

Première question.— Quelles sont les conditions primordiales imposées aux théories juridiques de l'assurance au profit de tiers déterminés?

Deuxième question.—Examen de ces théories diverses.

Troisième question. — Conséquences des systèmes proposés, — droits des bénéficiaires.

PREMIÈRE QUESTION

QUELLES SONT LES CONDITIONS PRIMORDIALES IMPOSÉES AUX THÉORIES JURIDIQUES DE L'ASSURANCE AU PROFIT DE TIERS DÉTERMINÉS

Il faut d'abord que la construction juridique que l'on veut bâtir soit conforme aux règles du droit, c'est-à-dire en harmonie avec les principes de la loi, cela va de soi. En second lieu, il est nécessaire qu'elle repose sur des données positives, et ne soit point en contradiction avec les faits : il n'est pas non plus nécessaire d'insister.

Mais il est de plus nécessaire que cette construction tienne compte de la volonté de l'assuré,
laquelle est essentielle en matière de contrat
d'assurance. Or, que veut l'assuré lorsqu'il
contracte son assurance au profit d'un tiers
qu'il désigne ? Vraisemblablement, créer au
profit du tiers bénéficiaire un droit propre,
indépendant du sort de la fortune personnelle
du preneur. Que son patrimoine décline ou
s'augmente, l'assuré veut que le bénéficiaire
conserve toujours les mêmes droits et les
mêmes espérances, sans avoir à subir les
fluctuations de sa fortune personnelle. Mais,
pour atteindre ce but, il est nécessaire que le
bénéficiaire soit personnellement titulaire de
l'assurance.

L'assuré, selon nous, veut que le bénéfice
de l'assurance ne fasse jamais partie de sa
fortune personnelle, qu'il soit soustrait à ses
héritiers réservataires et à ses créanciers, pour
appartenir en propre au bénéficiaire.

On ne peut, en effet, soutenir qu'en contractant son assurance au bénéfice d'un tiers
désigné, l'assuré a eu simplement pour but
d'augmenter son patrimoine propre, de façon à
laisser à son décès un plus fort héritage à ses
successibles. Sa pensée va plus loin : il cherche,
par l'assurance, à constituer un capital à l'abri
des coups dont sa propre fortune est menacée.

Il crée une fortune indépendante du sort de la sienne et, conséquemment, propre à celui à qui il la destine. Cette interprétation de la volonté de l'assuré est parfaitement logique : l'assurance est un contrat de prévoyance, une opération par laquelle on cherche à écarter des risques, et il est naturel de croire que l'assuré a voulu écarter ceux que la mauvaise fortune peut lui réserver.

Nous en avons la preuve par ce fait que l'assuré insère dans la police le nom du bénéficiaire ; car pourquoi cette insertion ? à quoi peut-elle bien servir ? quel est sont sens, si elle n'a point pour but de conférer à celui-ci un droit propre et aussi fort que possible?

On ne peut penser que cette clause a pour objet de transférer au bénéficiaire le droit que l'assuré acquerrait d'abord pour lui-même ; car, s'il en était ainsi, elle constituerait une donation entre vifs, laquelle serait nulle, étant donnée la forme bizarre qu'elle revêtirait.

L'avis que nous exprimons ici n'est que l'écho des théories des praticiens de l'assurance, qui considèrent tous que l'assuré, lorsqu'il désigne dans sa police un bénéficiaire déterminé, lui assure un droit propre [1].

1. *Journal des Ass.* 1878, p. 256.
Adde : Cass., 15 déc. 1873 (Sirey, 74, 1, 199; D. 74, 1, 113); — Besançon, 10 fév. 1881 (Le Droit, 24 septembre 1881); — Caen, 6 décem-

Il n'est donc pas besoin d'insister, et il est dorénavant acquis que la volonté du stipulant a pour but de constituer à celui qu'il gratifie un droit propre en lui attribuant l'indemnité de l'assurance.

En résumé, trois conditions sont essentielles aux théories juridiques de l'assurance sur la vie ; elles doivent toutes répondre aux exigences juridiques, se trouver en conformité avec les faits eux-mêmes, et enfin, être en parfaite harmonie avec la volonté de l'assuré.

bre 1881 (Sirey, 83, 2, 33) ; — RUBEN DE COUDER, *Dict. de dr. commerc., indust. et marit..* v° *Assurances sur la vie*, n°s 97 et suiv. ; — Note Lyon-Caen, jointe à un arrêt de Douai du 31 janvier 1876 (Sirey, 77, 11, 33), et notes de M. Labbé, jointes à un arrêt de cassation du 28 mars 1877 (Sirey, 77, 1, 393), à un arrêt de Paris du 1ᵉʳ août 1879 (Sirey, 80, 11, 249), à un arrêt de cassation du 2 mars 1881 (Sirey, 81, 1, 145) et à l'arrêt de cassation précité du 2 juillet 1884.

De ce fait que l'assurance sur la vie constitue un droit propre résulte une intéressante conséquence en matière de contrat de mariage. Le bénéfice de l'assurance sur la vie contractée par l'un des époux tombe-t-il dans la communauté ? Oui, répondent les auteurs, lorsque l'époux assuré s'est réservé le bénéfice ou tout au moins la disposition de la somme assurée, parce qu'en principe les biens acquis à titre onéreux pendant le mariage sont communs ; non, si la police d'assurance porte que la somme assurée sera payée à un tiers spécialement désigné, de telle manière que l'époux assuré n'en ait ni le bénéfice ni la disposition, nous pensons que la somme assurée n'entre pas en communauté. Le tiers bénéficiaire a acquis un droit au capital assuré le jour même où la police a été souscrite, et la communauté ne peut profiter d'une valeur sur laquelle l'époux n'a jamais eu de droit. (Guillouard, *Contrat de mariage*, tome I, p. 348 n° 378.)

DEUXIÈME QUESTION

EXAMEN DES THÉORIES

Passons maintenant à l'étude des différents systèmes proposés. Il s'en présente trois : le premier consiste à dire que l'assurance souscrite au profit d'un tiers est une stipulation pour autrui ; c'est le sentiment de la jurisprudence.

Le second, et c'est celui de M. Thaller, consiste à présenter le contrat comme obligeant seulement la compagnie envers l'assuré à offrir l'indemnité bénéficiaire après le décès de l'assuré.

Le troisième, celui de M. Labbé, consiste à voir, dans l'assurance souscrite au profit de tiers déterminés, une gestion d'affaires de l'assuré en leur faveur.

PREMIER SYSTÈME

La jurisprudence a parfaitement compris que l'intention du preneur était de stipuler au profit du bénéficiaire un droit propre ; tout son système gravite autour de cette idée. Pour l'étayer, elle a cherché à établir que l'assurance contractée au profit d'un tiers s'analyse en une stipulation pour autrui. Selon M. Labbé [1], le système de la Cour de cassation peut se résumer comme suit : « Il est permis d'attribuer à un tiers le bénéfice de l'assurance que l'on contracte ; c'est une stipulation pour autrui autorisée par l'art. 1121 du C. civ.

« L'attribution ainsi faite constitue une libéralité affranchie des formes des donations, en vertu de l'article 1973 C. civ. ; d'où suit que le capital assuré compte dans le patrimoine du stipulant, comme objet d'une libéralité par lui faite, pour le calcul de la réserve et de la quotité disponible. »

Ainsi donc, l'assurance sur la vie au profit d'une personne déterminée est une stipulation pour autrui qui lui donne un droit propre, direct, issu du contrat ; d'ailleurs, cette stipulation peut être acceptée, même après le décès du stipulant.

Constatons qu'en son ensemble, cette théorie répond aux conditions primordiales ci–dessus exigées par nous.

Mais le fondement de la théorie de la juris-

---

1. Labbé, note dans Sirey. 1877, ι, 393.

2. Paris, 5 avril 1867 (D 67, 2, 221). — Cassation, 7 février 1877 (S. 77, 1, 399). — Amiens, 19 décembre 1877 (D. 78, 2, 221). — Caen, 14 mars 1876 (D. 79, 2, 131). — Cass. 5 février 1888 Sirey 1888, 1 127).

prudence est-il solide ? L'assurance est-elle vraiment une stipulation pour autrui ?

Non, dit-on, l'article 1119 ne permet en principe de stipuler en son propre nom que pour soi-même. L'article 1121 apporte à cette règle des exceptions : on peut stipuler au profit d'un tiers, lorsque telle est la condition d'une stipulation que l'on fait pour soi-même, ou d'une donation que l'on fait à un autre.

Or, ici, le preneur ne stipule rien pour lui, cela est évident ; il ne fait pas non plus donation des primes à la compagnie.

Il ne saurait être question de la donation du capital assuré : ce capital n'a été promis directement qu'au bénéficiaire, sauf la possibilité qu'il revienne au stipulant, si le bénéficiaire ne le recueille pas. Le stipulant a sans doute agi dans une pensée bienveillante pour le bénéficiaire ; mais il en est ainsi dans toute gestion d'affaire, et l'on ne considère jamais que le gérant ait fait une libéralité au maître. Il a rendu un service gratuit, qui a empêché le patrimoine du maître de s'appauvrir, qui l'a même peut-être augmenté ; mais on ne saurait regarder ces services comme des donations, ni les soumettre aux règles sur le rapport et la réduction. (Boistel, Dalloz, 89, 2, 153. — *Adde* : Levillain, D. 79, 2, 25 ; — Thaller, D, 88, 2, 1.)

On admettrait en effet difficilement la révocation de la donation de ces primes pour cause de survenance d'enfants, ou sa réduction au cas où les primes excéderaient la quotité disponible [1].

On ne peut donc soutenir qu'il y ait là, aux termes de la loi, une stipulation pour autrui.

Mais, dit-on, s'il n'y a pas, à côté de la stipulation pour le bénéficiaire, une stipulation pour le preneur d'assurance qui soutienne le droit du bénéficiaire, s'il n'y a pas non plus donation des primes, il n'en est pas moins vrai que le preneur a une action directe contre la compagnie : l'action en répétition des primes payées, fondée sur cette idée que les primes n'ont été payées qu'à cause de l'indemnité stipulée, et que tout paiement sans cause peut être répété *(condictio sine causa)*.

Nous adoptons cette manière de voir [2] : l'article 1121 peut servir de fondement juridique à l'assurance au profit d'un tiers déterminé,

---

1. Montluc, *De l'ass. sur la vie*, p. 127-128. — Mornard, thèse, Paris, 1883, p. 190-193.

2. En particulier, le contrat d'assurance sur la vie fait par un mari au profit de sa femme, nommément désignée dans la police, constitue une stipulation pour autrui régie par l'article 1121 du Code civil. Nancy, 17 janv. 1888 (D. P. 1889, 2 153) et la note de M. Boistel. — Paris, 30 avril 1891 (D. P. 92, 2, 153). — Agen, 25 mai 94 (D. P., 95 2, 543). — Rouen, 6 avril 95 (D. P. 95, 2, 545). — Civ. 8 avril 95 (D. P. 95, 1, 441). — Douai, 10 déc. 95 (D. P. 96 2, 417) et la note de M. Dupuich. — Paris, 10 mars 96 (D. P. 96, 2, 465).

Quelles conséquences découlent de cette manière d'envisager l'assurance sur la vie ?

Tout d'abord, il est certain que l'assurance sur la vie, présentant le caractère d'une stipulation pour autrui, fait naître un droit propre au profit du bénéficiaire. (Voir art. 1165 et 1121.)

Mais le bénéficiaire désigné dans la police d'assurance peut-il n'accepter l'assurance qu'après la mort de l'assuré, si l'on interprète le contrat comme une stipulation pour autrui ?

Sur ce point, trois systèmes se sont fait jour.

1° Pour M. Colmet de Santerre, la stipulation pour autrui ne peut être acceptée, après la mort du stipulant, par le tiers bénéficiaire.

« Nous avons dit, en effet, que dans les « rapports du stipulant et du tiers, la conven- « tion était au fond une libéralité. Or, les « pollicitations non suivies d'acceptation sont « des actes imparfaits ; ils ne peuvent être « complétés après la mort d'une des parties, « parce que, si c'est la partie qui a fait l'offre qui « est morte, sa volonté n'a pas concouru un « instant avec celle de l'autre [1]. »

Demolombe est de l'opinion contraire : la

---

1. Demante et Colmet de Santerre, *Cours analytique* t, v, n° 33 *bis* viii.

stipulation est une libéralité; la mort du stipulant confirme cette libéralité, que désormais les héritiers du stipulant ne peuvent révoquer : « *Le droit de révocation est personnel au donateur* [1]. »

Enfin, MM. Aubry et Rau admettent que le tiers peut accepter après la mort du stipulant, mais que ses héritiers peuvent révoquer la stipulation jusqu'à son acceptation par le tiers.

La stipulation persiste malgré le défaut d'adhésion du bénéficiaire, parce qu'elle est accessoire et comme extracontractuelle ; mais « l'on comprendrait difficilement que la stipu- « lation, continuant d'exister avec tous ses effets « malgré le décès du stipulant, pût acquérir « entre ses héritiers et le tiers un caractère « d'irrévocabilité qu'elle n'avait pas entre le « stipulant lui-même et le tiers [2]. »

Cette dernière opinion nous semble la meilleure : d'une part, il est vrai de dire que la stipulation pour autrui peut n'être acceptée qu'après la mort du stipulant; d'autre part, il est exact de soutenir que l'héritier peut devancer l'acceptation posthume et révoquer la stipulation. En réalité, la stipulation pour autrui, dans notre espèce l'assurance, constitue une véritable donation ; le preneur d'assurance ne fait

---

1. DEMOLOMBE, *Traité des donat.*, t. III, n° 93.
2. AUBRY et RAU, t. IV, n° 343.

pas sans doute passer, comme c'est d'ordinaire pour les libéralités normales, un objet de son patrimoine dans celui du bénéficiaire; mais il n'en est pas moins vrai qu'il s'appauvrit à son profit.

Il paie les primes, pourquoi ? sinon pour permettre au bénéficiaire de recueillir plus tard le profit de l'assurance. Ainsi, bien qu'il n'y ait point transfert de propriété, il y a cependant dans la stipulation pour autrui une libéralité véritable. Cependant, comme cette libéralité résulte d'une stipulation pour autrui, elle est soumise aux règles de l'article 1121 [1] : « Celui « qui a fait la stipulation ne peut plus la révo- « quer, si le tiers a déclaré vouloir en pro- « fiter. » Cela nous conduit au résultat suivant : dans la stipulation pour autrui, par les seules volontés concourantes du stipulant et du pro- mettant, un droit immédiatement complet se trouve formé, et réside dans le patrimoine du tiers bénéficiaire; d'où suit que ce tiers bénéficiaire peut accepter la stipulation, même après le décès du stipulant. Mais, avons-nous dit, nous admettons que les héritiers peuvent révoquer la stipulation [2] aussi bien que leur auteur.

1. *Vide contra*, BOISTEL, *cit. supra.*

2. La stipulation pour autrui, si le tiers n'a pas encore déclaré vouloir en profiter, peut être révoquée par les héritiers du stipulant après le décès de celui-ci. Bordeaux, 1er avril 1897 (D. P., 98, 2, 169),

Le stipulant est en effet tout-puissant, et, avant acceptation, peut détruire ce qu'il a construit : comment ses héritiers n'auraient-ils pas les mêmes droits ? L'objection de M. Demolombe ne tient pas : le droit de révocation d'une donation ordinaire est bien, si l'on veut, personnel ; mais ce n'est pas de ce droit qu'il s'agit ici. Ce qui fait la personnalité du droit de révocation, c'est qu'il repose sur des considérations morales que peut apprécier seule la conscience du donateur ; ici, rien de pareil, le droit de révocation repose sur cette idée qu'une personne peut retirer à elle seule, ce qu'elle a mis dans le patrimoine d'un étranger.

Ces considérations, qui s'appliquent à toute stipulation pour autrui, s'étendent dans la jurisprudence à l'assurance au profit d'un tiers déterminé.

et la note de M. de Loynes. — V. aussi Douai, 10 déc. 1895 D. P. 96, 2, 417), et la note de M. Dupuich.

La note de M. Dupuich combat la décision de la Cour de Douai. Il lui paraît impossible d'admettre que la révocation appartient au stipulant ou à ses héritiers. Il revient à la doctrine de Demolombe, que semblent avoir adoptée Aubry et Rau : « La faculté de révocation est de sa nature une faculté personnelle. » Par analogie, M. Dupuich en conclut que l'assurance, sorte de libéralité, doit suivre en ce point les règles de la donation véritable. « La Cour de Rouen a dit excellemment : il y a, dans l'assurance sur la vie, de la part du mari, du père de famille, une disposition arrêtée par lui en conformité avec ses sentiments intimes et pour obéir à des calculs et à des préoccupations dont personnellement et seul il doit être l'appréciateur souverain et rester le juge. » Rouen (D., 95, 2, 153).

Dire, comme M. Labbé [1], qu'à défaut d'acceptation entre vifs, il n'y a point d'attribution de bénéfices, et qu'il est impossible de soustraire à l'action des créanciers une valeur, le montant de l'assurance, dont l'assuré a gardé la libre disposition, est commettre une erreur manifeste: l'acceptation ne constitue point un élément de formation du contrat d'assurance.

Immédiatement après que la stipulation a eu lieu entre le stipulant et le promettant seuls, il n'y a plus besoin de former une donation pour que l'objet stipulé appartienne au tiers désigné ; il y a une donation qui est d'ores et déjà formée, parce que cet objet est de suite acquis par lui.

La construction de la jurisprudence nous semble donc répondre aux conditions exigées par nous pour l'assurance sur la vie, et être

---

1. Note *cit. infra.* La jurisprudence décide que le contrat ne perd pas le caractère d'une stipulation pour autrui, alors même qu'il renferme les clauses généralement usitées, qui réservent à l'assuré la faculté de céder la police par voie d'endossement, de la racheter après paiement d'un certain nombre de primes, ou de contracter des emprunts en la donnant en gage. Car ces réserves ne modifient en rien le droit qui appartient à l'assuré, jusqu'à l'acceptation du tiers, d'anéantir ou de restreindre la libéralité, ou de substituer une autre personne au bénéficiaire primitif. BOISTEL, Dissertation sous Caen. 3 janvier 1888 (D. 89, 2, 129). — RUBEN DE COUDER, *suppl. au Dictionnaire de droit commercial*, vᵒ *Assurances sur la vie*, nᵉ 17.— Req. 22 juin 1891 (S. 92. 177 ; D. 92. 1. 205). — Civ. cass., 8 avril 1895 (S. 95. 1 206; D. 95, 1. 441) et la note de M. Dupnich.—*Contra* : Caen, 3 janvier 1888 (S. 88. 2. 97: D. 89. 2. 129); —AUBRY et RAU, tom. IV, page 519, note 21 *bis, in fine.*

conforme en même temps aux exigences de la pratique. Toutefois, deux autres constructions ont été proposées, qu'il nous faut maintenant examiner.

DEUXIÈME SYSTÈME

M. Thaller envisage d'une façon originale le contrat d'assurance au profit d'un tiers [1].

L'assurance au profit d'un tiers est un contrat par lequel l'assureur s'engage, moyennant le paiement des primes de la part de l'assuré, à proposer, après le décès de celui-ci, au bénéficiaire désigné, le paiement d'une somme dès à présent déterminée. Tel est le contrat ; il en naît, pour l'assureur, l'obligation d'offrir l'indemnité au bénéficiaire à la mort de l'assuré, et cette obligation est sanctionnée par le droit pour les héritiers, de répéter les primes payées, si elle n'est pas remplie. Tels en sont les effets.

Cette conception de l'assurance sur la vie est-elle conforme aux principes généraux du

---

1. « La Compagnie promet au stipulant dont elle encaissera les primes qu'à sa mort, qu'elle fera offre au tiers désigné du produit de la capitalisation ou, pour autrement parler, de la somme convenue. Il y a sans doute chez le stipulant une créance ferme et actuelle, bien que visant un fait à accomplir plus tard ; mais ce n'est pas la créance du capital..... Il est licite de remettre une somme d'argent à un dépositaire, à la condition qu'il la consacre après la mort du déposant, à une affectation spéciale. » THALLER (D. 88, 2, 3).

droit? Répond-elle aux conditions essentielles à toute explication de l'assurance au profit d'un tiers ? L'assurance ainsi comprise produit des rapports juridiques :

A. — Entre le bénéficiaire et la compagnie ;

B. — Entre l'assuré et la compagnie ;

C. — Entre le preneur et le bénéficiaire.

A. — Le bénéficiaire n'a aucun droit jusqu'au jour où il accepte l'offre que lui fait la compagnie de lui payer l'indemnité stipulée dans l'assurance. Ensuite, il est créancier personnel de l'indemnité.

B. — Les rapports entre l'assuré ou ses héritiers et la compagnie ne sont pas plus compliqués. La compagnie, recevant la prime, s'engage, au cas du décès de l'assuré, à offrir l'indemnité convenue au bénéficiaire. Or, c'est là qu'est le point délicat : en effet, le bénéficiaire ne peut point agir contre la compagnie d'assurances qui ne ferait pas l'offre promise au souscripteur du contrat, puisque son droit propre ne naît point au moment où se contracte l'assurance, mais est retardé jusqu'au jour de l'acceptation.

Au reste, les héritiers du preneur, qui seuls peuvent avoir intérêt à agir après son décès, ne peuvent obtenir l'exécution directe de l'engagement de la compagnie, mais ont seulement une voie d'exécution indirecte, la répétition des sommes versées par l'assuré pour inexécution de l'obligation corrélative. (Art. 1184 Code civ.) C'est là une grave difficulté théorique, puisque le système laisse sans sanction directe l'obligation de l'assureur[1], et en même temps pratique, parce que si, la plupart du temps, les compagnies sont de bonne foi et font l'offre convenue, il n'en est pas moins vrai qu'elles sont libres ou non de la faire : le système de M. Thaller, à ce point de vue, n'est donc point exempt de critique.

C. — Les rapports créés par le contrat d'assurance entre le preneur et le bénéficiaire sont moins faciles à saisir. Sans doute, l'on voit, d'une façon vague d'ailleurs, qu'il existe une libéralité du preneur au profit du bénéficiaire ; l'objet de cette libéralité consiste dans l'appauvrissement du premier au profit du second. Mais quel nom donner à cette libéralité ?

---

1. M. Thaller essaie d'échapper à cet inconvénient : « La Compagnie, dit-il, pour se mettre en règle avec ses engagements, doit, le souscripteur une fois mort, se révéler au tiers et lui révéler une offre du capital assuré, que le bénéficiaire acceptera ; alors, mais alors seulement, s'établira entre l'assureur et le tiers un rapport contractuel sans nulle interposition, une dette et une créance ayant pour objet la somme énoncée en la police, qui n'a jamais figuré dans le patrimoine de l'assuré. Jusque-là, l'offre ne tient pas encore ; la créance qu'elle doit engendrer n'existe pas : ce qui existe, c'est le droit de l'assuré ou de sa succession de contraindre la Compagnie à poser l'offre au tiers au moment opportun, et cela sous la sanction de la résolution. Cette sanction est de telle nature que la Compagnie n'hésitera pas à faire au bénéficiaire la pollicitation à laquelle elle s'est obligée, de même que le tiers n'hésitera pas à l'accepter. »

Est-ce une donation à cause de mort?

Non point; car M. Thaller n'admet pas que le bénéficiaire acquiert un droit par suite de l'entente qui a lieu entre l'assuré et la compagnie. Aucune acquisition pour le bénéficiaire du vivant de l'assuré et, par suite, aucune donation entre eux, même à cause de mort. Peut-être pourrait-on voir dans cette libéralité un fidéicommis : le preneur effectue des prestations au profit de la compagnie, à charge par elle de procurer à un tiers, après sa mort, des avantages déterminés.

Moyennant cette explication, le système de M. Thaller se tient; il permet à la volonté de l'assuré de procurer au bénéficiaire un droit à l'abri des atteintes de la mauvaise fortune.

D'autre part, il accorde au bénéficiaire celui de ne connaître l'assurance et de ne l'accepter qu'après le décès de l'assuré.

La théorie de M. Thaller apparaît donc comme théoriquement possible, provisoirement, et nous la retenons.

TROISIÈME SYSTÈME

M. Labbé nous propose de voir, dans l'acte du preneur d'assurance qui a fait inscrire dans la police le nom d'un tiers déterminé, une gestion d'affaires :

« Le tiers bénéficiaire joue le rôle d'assuré.
« Le contrat d'assurance ne devient parfait à
« son égard que par la ratification. Devenu
« parfait, il rend ce tiers créancier de l'assureur.
« La ratification peut être postérieure à la mort
« du preneur ; elle peut émaner des héritiers du
« tiers. Il ne semble pas que le preneur puisse
« enlever, par un changement de volonté, au
« tiers, la faculté de profiter du contrat. Il est
« un simple gérant d'affaires quant à la stipula-
« tion du capital. Il est pourtant le donateur du
« tiers désigné, la libéralité ayant pour objet
« les primes qu'il a payées pour lui sans répé-
« tition. Il faut faire du tiers appelé au bénéfice
« du contrat le véritable assuré, et faire du
« stipulant un simple gérant d'affaires. Alors,
« l'adhésion qu'exprime le tiers est une ratifi-
« cation qui rétroagit au jour du contrat. Le
« tiers qui a ratifié est créancier direct de l'as-
« sureur, comme s'il avait contracté lui-même.
« Le capital de l'assurance n'a jamais fait
« partie du patrimoine du stipulant ; il ne doit,
« à la mort de ce dernier, ni être compté pour
« le calcul de la réserve, ni servir de gage aux
« créanciers héréditaires [1]. »

1. LABBÉ (S., n° 1877, 1, 397).
   Vide : MORNARD, Thèse de Doctorat, Paris, 1883 ; — RABATEL, *De
la nature du contrat d'assurance sur la vie*, p. 218 ; — LABBÉ, *Revue
critique*, 1896, p. 453 ; — PINCHON, *Revue critique*, 1898, p. 502 et suiv.,
619 et suiv., et 1899, p. 20 et suiv., C. pr.; — Aix, 21 mars 1886 (S.
87, 2, 214 ; — AUBRY et RAU, p. 518, note 21 *bis*, vol. 4, nouvelle édit.

Cette théorie prétend donner une base juridique solide à l'opération de l'assurance au profit d'un tiers.

Elle reconnaît un droit propre au profit du bénéficiaire de l'assurance.

Enfin, elle permet au bénéficiaire de ne connaître et de n'accepter le contrat qu'après la mort de l'assuré.

Ces prétentions sont-elles justifiées? Vainement dirait-on, comme M. Levillain [1], que le système de M. Labbé est trop compliqué : « Comment ne pas être frappé, surtout quand on songe que la convention est simple de sa nature, et ne révèle par aucun signe extérieur les combinaisons multiples que l'on s'efforce d'y découvrir », puisque ni le système de la jurisprudence ni celui de M. Thaller ne sont pas non plus d'une simplicité proverbiale? Vainement aussi dirait-on plaisamment, avec M. de Courcy, qu'il n'est pas probable que le père de famille ait voulu se constituer *nego-*

---

1. Levillain (D. 79, 2, 25). — M. Levillain fait une autre critique à la théorie de M. Labbé: « L'idée mère sur laquelle elle repose, dit-il, est contestable. D'abord, peut-on considérer comme un acte de gestion d'affaires un acte unique, isolé qu'un individu souscrit en son propre nom pour le compte d'un tiers, sans que cet acte ait aucune relation avec un fait de gestion antérieure, et sans que le stipulant ait aucun intérêt personnel à sa passation? » C'est au moins fort discutable, et, s'il existe des auteurs qui se prononcent pour l'affirmative, il en est d'autres qui tiennent pour la négative. Nous reviendrons d'ailleurs plus loin sur cette question.

tiorum gestor de ses enfants lorsqu'il a contracté pour eux une assurance sur la vie.

Peu importe l'intention qu'a eue en droit le contractant; il suffit de savoir celle qu'il a eue en fait.

Au surplus, une seule objection sérieuse peut être faite au système de M. Labbé : si l'assurance au profit d'un tiers est une gestion d'affaires, il faut lui appliquer les règles de cette institution juridique, et notamment les dispositions de l'article 1372. Le preneur d'assurance, comme tout gérant d'affaires, est tenu de mener à bonne fin l'affaire entreprise par lui. Le preneur n'a jamais assumé un pareil engagement; il n'a jamais eu l'idée de s'obliger jusqu'à son décès au paiement des primes.

L'objection est capitale; doit-elle être retenue ? Nous ne le croyons pas.

Il nous semble, en effet, qu'il existe deux sortes de gestion d'affaires [1]. *Stricto sensu*, l'on

---

1. DEMOLOMBE, *Contrats et obligations*, t. I. n° 239 et suiv. — DEMANTE et COLMET DE SANTERRE, *Cours analytique de Code civil*, t. V, n° 33 *bis*, III. — LAROMBIÈRE, *Théorie et pratique des obligations*, t. Ier, art. 1120, n° 9; *Jur. gén.*, v° *Obligations*, n° 276 et suiv. — Demolombe fait parfaitement toucher du doigt la différence qui existe entre ces deux sortes de gestion d'affaires. « Dans le premier cas, je m'ingère dans le patrimoine du tiers ; dans le second, je n'y touche pas... Or, tel est, dit-on, le caractère du quasi-contrat de gestion d'affaires qu'il implique une immixtion effective dans le patrimoine du maître : donc on ne saurait considérer comme un acte de gestion d'affaires le fait isolé d'une stipulation pour un tiers, lorsque cette stipulation n'atteint pas un bien actuellement dépendant de son patrimoine. (Bordeaux, 21

entend par gestion d'affaires, celle qui consiste à veiller sur la chose d'autrui et à accomplir les actes nécessaires à sa conservation. C'est à cette sorte de gestion d'affaires que s'applique l'article 1372. *Lato sensu*, la gestion d'affaires s'entend de toute opération accomplie par celui qui s'immisce dans les affaires d'autrui ; c'est ainsi que MM. Aubry et Rau eux-mêmes comprennent la gestion d'affaires, lorsqu'ils disent: « Quelles que soient les conditions dans « lesquelles une personne s'est immiscée aux

juin 1827, Grellier, 1828, ii, 8.) Mais la stipulation faite par une personne pour un tiers peut être interprétée en ce sens qu'elle a été faite, d'après la commune intention des parties, dans l'intérêt du tiers et par suite au nom du tiers, etc. — »

« Nous ne saurions donner notre adhésion à cette doctrine, disent MM. Rau et Falcimaigne (Aubry et Rau, t. iv, édit., 1902, 343 *ter*, note 20), à cette doctrine qui ne tend à rien moins qu'à réduire à l'état de lettre morte la règle qu'on ne peut en son propre nom stipuler pour autrui. A notre avis, ces auteurs donnent à la notion du quasi-contrat de gestion d'affaires une extension qu'il ne comporte pas ; et, quant à l'interprétation qu'ils croient pouvoir donner aux stipulations pour autrui, c'est-à-dire à des stipulations faites par une personne, en son propre nom, au profit d'un tiers, elle nous paraît en dénaturer le caractère et déplacer la question qu'il s'agit de résoudre. »

Quoi qu'il en soit, il est nécessaire de se rappeler qu'il existe tout au moins une hypothèse dans laquelle s'applique la théorie de Demolombe; c'est l'hypothèse du mandataire qui a excédé les bornes de son mandat. Les acte accomplis en dehors du mandat sont vraiment des actes de gestion d'affaires et toutefois ne répondent point à la conception qu'ont MM. Aubry et Rau de ce quasi-contrat. Pourquoi ne pas étendre cette hypothèse à un cas analogue de l'assurance? — V. sur ce point : Deslandes, *loco citato ;* Casaregis, *Dict.*, 179, n° 174 ; — Cujas *Comm.*, i, 24 et s. : *De negotiis gestis* et les auteurs italiens modernes en particulier, Cogliolo *Della aministrazione degli affari di altrui*, Pise, 1890.

« affaires d'autrui, la ratification donnée par le
« maître de l'affaire équivaut à un mandat et
« soumet ce dernier, envers le gérant, à toutes
« les obligations qui naissent de ce contrat[1]. »

Si le principe de l'article 1372 s'explique en
ce qui concerne la gestion d'affaires *stricto
sensu*, cela tient à ce que le gérant, dès lors qu'il

---

1. AUBRY et RAU, Cours analyt., t. IV, n° 441, p. 776, — *Adde* THIBAUT, *System des Pandectenrechts*, § 971.

Aubry et Rau indiquent les nuances qui distinguent la gestion d'affaires ordinaire de l'assurance sur la vie. « Tandis que le gérant d'affaires n'a plus aucun rôle à jouer après la ratification du maître, l'assuré, même après l'acceptation du bénéficiaire, demeure seul tenu du payement des primes. D'autre part, le gérant d'affaires n'agit jamais que dans l'intérêt du maître, tandis que l'assuré agit, non seulement dans l'intérêt du bénéficiaire, mais encore dans le sien propre, puisque, jusqu'à l'acceptation du tiers, il peut, en révoquant l'attribution primitivement faite, appliquer le montant de l'assurance à sa succession, ou le transférer à une autre personne. De même, si le tiers prédécède avant d'avoir accepté, l'assuré peut disposer de l'indemnité qui a été stipulée de l'assureur. C'est en ce sens que la Cour de cassation a pu dire que « le profit de l'assurance peut, dans de certaines éventualités, revenir au stipulant », et c'est surtout sur ce motif qu'elle s'est fondée pour formuler le principe énoncé au texte et qui paraît définitivement acquis en jurisprudence.Voy. en ce sens: LEFORT, *Traité théorique et pratique du contrat d'assurances sur la vie*, I, p. 214 à 229 ; — RUBEN DE COUDER, *Dictionnaire de droit commercial*, v° *Assurances sur la vie*, n° 91, et *Suppl. eod. v°*, n° 13 ; — HUC, VII, 51 et 52 ; — BUFNOIR, *p. cit.*, p. 574 ; — BAUDRY-LACANTINERIE et BARDE, I, 192 et 193 ; — DE CACQUERAY, *Revue pratique*, t. XVI, p. 129, Dissertation, dans Dalloz, 77, 1, 337 ; — LEVILLAIN, note (D. 79, 2, 25) ; — Bourges, 7 mai 1888 (S. 89, 2. 16) ; — Req., 23 juin 1891 (S. 92, 1, 177 ; D. 92, 1, 205) ; — Agen, 25 mai 1894 (S. 95, 2, 110 ; D. 95, 2, 513) ; — Civ. cass , 8 avril 1895 (S. 95, 1, 266: D. 95, 1, 441) ; — Douai, 10 décembre 1895 (S. 98, 2, 213 ; D. 96, 2 417) ; — Civ. rej., 9 mars 1896 (D. 96, 1, 391) ; — Paris, 10 mars 1896 (D. 96, 2, 417) ; — Civ. rej., 9 mars 1896 (D. 96, 1, 391) ; — Paris, 10 mars 1896 (D. 96, 2, 465) ;—Tribunal de Montélimar, 18 décembre 1896 (D. 98, 2, 382).

a entrepris l'opération, doit l'achever sous peine d'imposer au géré des occupations, des soucis, auxquels il ne serait pas maître de se soustraire, et cela tient encore à ce que l'acte du gérant constitue une véritable intrusion dans le patrimoine du géré, intrusion que l'on ne peut racheter que par une administration utile.

Ces motifs disparaissent dans la gestion d'affaires *lato sensu* ; ici, plus d'atteinte au patrimoine du géré, plus d'engagement forcé pour le compte du géré, maître de ratifier ou non l'opération.

Les règles de l'article 1372 ne s'appliquent donc pas en ce cas. Or, précisément, l'assurance au profit d'un tiers est une hypothèse de gestion d'affaires *lato sensu*. Il serait donc abusif de lui opposer les dispositions de l'article 1372.

La conclusion s'impose: la gestion d'affaires peut servir de fondement juridique à l'assurance au profit des tiers.

Cette conception, il est inutile d'insister sur ce point, permet de reconnaître au bénéficiaire un droit indépendant du sort du patrimoine de l'assuré ; en ratifiant l'acte intervenu , il fait produire immédiatement les effets dans son patrimoine, naître le droit à l'indemnité. Au surplus , la ratification peut n'intervenir qu'après le décès de l'assuré. On objecterait vainement que l'assurance, constituant une libéralité, ne peut être acceptée que du vivant du donateur, parce que la production d'effets juridiques entre le preneur donateur et le bénéficiaire donataire n'est qu'accessoire. Le principal, c'est que le bénéficiaire prenne pour lui le contrat d'assurance, et en fasse passer à son compte les conséquences juridiques.

Lorsque le principal est possible, l'accessoire se trouve réalisé. Qu'importe ? c'est la conséquence principale seule qui doit nous arrêter. L'on peut voir dans l'assurance au profit d'un tiers une gestion d'affaires *lato sensu*.

Les trois systèmes proposés pour donner un fondement théorique à l'assurance au profit d'un tiers, peuvent se justifier les uns et les autres ; reste à envisager quels sont les résultats qu'ils produisent.

TROISIÈME QUESTION

CONSÉQUENCE DES SYSTÈMES PROPOSÉS. — DROITS DES BÉNÉFICIAIRES

Lorsqu'on se demande quelles conséquences juridiques entraînent les différents systèmes proposés, il faut s'expliquer d'abord sur le point de savoir : 1° à qui appartient chacun des droits résultant de l'assurance, quand il y a désignation d'un bénéficiaire ? il est nécessaire de se demander ensuite 2° quand naissent les droits du tiers bénéficiaire ; enfin, 3° si les droits sont irrévocables ou révocables, définitifs ou non ?

1° *Droits appartenant au bénéficiaire.* — Le plus important de ces droits est certainement le droit à l'indemnité. Que devient ce droit, quand il y a désignation d'un bénéficiaire dans l'acte ? Avec l'opinion de M. Thaller, il faut déclarer qu'il n'y a pas un droit proprement dit à l'indemnité, et l'on n'a plus à se demander dans quel patrimoine existe ce droit. Mais que l'on interprète le contrat avec la jurisprudence comme stipulation pour autrui, ou avec M. Labbé, comme une gestion d'affaires, le résultat est le même : c'est le bénéficiaire qui a de suite droit à l'indemnité.

A côté du droit à l'indemnité, l'assuré en a d'ordinaire un autre ; il participe aux bénéfices de la compagnie : s'il désigne un bénéficiaire, conserve-t-il ce droit ? Si l'on regarde l'opération comme une stipulation pour autrui, ou si l'on veut y avoir une offre, comme M. Thaller, il est bien évident que l'assuré conserve le droit aux bénéfices, et que le bénéficiaire ne peut en profiter. Ce qu'on a stipulé en sa faveur ou ce qu'on lui offre, c'est seulement l'indemnité ; il faudrait une stipulation spéciale pour qu'on pût lui attribuer la part de bénéfices afférents au contrat.

Mais *quid* dans l'opinion qui envisage le contrat d'assurance comme une gestion d'affaires ? Ne peut-on pas dire qu'en ratifiant l'acte du gérant, le bénéficiaire attire à lui toutes les conséquences de l'acte, y compris l'attribution de la part des bénéfices.

La question est douteuse. Certes, si l'assurance a été attribuée à un bénéficiaire à titre onéreux, il est possible de penser que le bénéficiaire, moyennant le sacrifice qu'il a fait, a entendu obtenir tous les avantages possibles du contrat, y compris l'attribution de la part des bénéfices.

Mais, si, ce qui est plus fréquent, le profit a été attribué à titre gratuit, la part dans les bénéfices de la compagnie, qui nous apparaît comme une indemnité de l'exagération des primes, et qui peut être remplacée par une diminution de ces primes, ne saurait être attribuée au tiers bénéficiaire. L'assuré, gérant d'affaires, n'a pas eu l'intention d'attribuer ce bénéfice; l'on ne peut présumer de sa part un excès si grand de générosité.

Le preneur d'assurance est libre de continuer ou non son assurance ; en continuant ou en cessant de payer les primes, il peut aussi réduire son assurance; il peut enfin faire racheter son contrat. Supposons que l'assuré cesse de payer ses primes: le bénéficiaire a-t-il droit aux conséquences du non-paiement ? spécialement, peut-il toucher le droit au rachat ? Si l'on adopte l'opinion de M. Thaller, le bénéficiaire ne peut pas demander le rachat de l'assurance. Son droit n'est pas immédiat, l'offre de paiement de l'indemnité seule le crée ; conséquence, le droit au rachat est impossible. La question ne se pose même pas. Elle se pose, au contraire, dans les théories de M. Labbé et de la jurisprudence, et certains auteurs déclarent que le droit au rachat est le seul droit qui appartienne au bénéficiaire: c'est une conséquence de l'arrêt de l'assurance ; il remplace le droit à l'indemnité.

La conclusion s'impose : le bénéficiaire a droit au rachat. Cette interprétation ne nous paraît pas répondre à l'intention de l'assuré, lequel a certainement voulu que le bénéficiaire eût un droit à l'abri des atteintes de la mauvaise fortune ; c'est une garantie contre ce danger qu'il a cherchée. C'est donc aller contre l'intention de l'assuré que de donner au bénéficiaire seulement droit au rachat, puisque la réduction, et non le rachat, est de nature à sauvegarder le paiement de l'indemnité au décès de l'assuré.

En somme, le bénéficiaire a toujours droit à l'indemnité, rarement à la participation aux bénéfices de la compagnie, presque jamais enfin au rachat du contrat.

A-t-il le droit de cession de l'assurance ? C'est ce que nous verrons plus loin.

2° *Quand naissent les droits du tiers bénéficiaire ?* — Le système adopté par M. Thaller fait naître le droit du bénéficiaire à l'indemnité au moment de l'acceptation de l'offre ; dans les autres systèmes, les droits qui naissent du contrat au profit du bénéficiaire naissent à la même époque que si le profit de l'assurance devait être accordé à l'assuré : il n'y a donc nul besoin d'insister sur cette matière, et nous passons dès maintenant à la question de savoir si les droits du bénéficiaire sont ou non révocables.

3° *Le droit du bénéficiaire est-il irrévocable ou révocable ?* — Soit que l'on considère l'assurance au profit d'un tiers comme une stipulation pour autrui, soit qu'on l'envisage comme une gestion d'affaires, soit enfin qu'on adopte la théorie de M. Thaller, et quelque parti que l'on prenne sur ces différents systèmes, on ne peut se poser la question de la révocabilité ou de l'irrévocabilité des droits du bénéficiaire qu'après l'acceptation de l'opération par ce dernier.

Plaçons-nous donc au moment où le bénéficiaire a accepté formellement l'avantage qu'on lui offrait dans le contrat d'assurance, et suppo-

sons que les parties ont entendu rendre la
situation définitive et ferme en acquérant les
droits qui résultent de l'assurance au profit du
bénéficiaire.

Ajoutons même que l'acceptation du bénéficiaire a eu lieu du vivant de l'assuré ; il est
bien clair que les parties ont voulu, par l'acceptation du bénéficiaire, obtenir l'irrévocabilité
de ses droits : leur prétention est-elle admissible ?

Non, disent beaucoup d'auteurs ; même
après l'acceptation du bénéficiaire, l'assuré
demeure toujours maître d'anéantir le droit de
celui-ci. Pourquoi ?

1° Parce que, d'une part, dans l'assurance
sur la vie, contrat d'indemnité, la valeur assurée,
c'est l'homme même. Or, l'homme ne peut
s'aliéner définitivement ; après s'être donné, il
peut se reprendre : s'il se reprend, l'assurance
ne peut plus profiter à l'ancien bénéficiaire.

2° N'est-ce pas, dit-on, l'avis du Conseil
d'État de 1818 qui déclare qu'il ne doit pas être
permis de s'assurer sur la vie d'autrui sans son
consentement ?

3° Enfin, ajoute-t-on, « en consentant une
« assurance sur sa tête au profit d'un tiers, on
« n'a pas voulu s'engager irrévocablement
« envers lui. Les sentiments peuvent changer ;
« n'y aurait-il pas une situation bizarre,

« odieuse même, pour un homme qui aurait
« consenti une assurance sur sa tête au profit
« d'un tiers, et qui, peu après, voyant combien
« ses affections ont été mal placées, mépri-
« serait ou haïrait même ce tiers, et ne pourrait
« cependant pas l'empêcher d'avoir un grand
« intérêt à sa mort? [1] »

Ces arguments doivent-ils nous arrêter?
Devons-nous nous prononcer, nous aussi, en
faveur de la révocabilité toujours possible de
l'assurance sur la vie?

1° L'argument tiré du caractère du contrat
d'indemnité, que l'on prétend attribuer à l'assurance sur la vie, ne doit pas nous retenir. Nous
savons, en effet, que ce n'est point là la nature
juridique du contrat d'assurance sur la vie.

D'autre part, si l'assurance avait pour but
d'indemniser le bénéficiaire du préjudice, que
lui cause la mort d'un homme qui s'était donné
à lui, en quelque sorte, quelle valeur avait
pour lui cet homme, s'il était maître de se
reprendre à son gré?

Il ne pourrait y avoir indemnisation que si
cette bizarre donation de l'homme avait quelque
chose d'effectif et de définitif.

2° L'avis du Conseil d'État indique sans
doute que le consentement primordial de l'as-

---

1. MORNARD, thèse p. 182.

suré est nécessaire pour former le contrat d'assurance ; mais il n'indique nullement qu'un consentement semblable soit indispensable pour sa continuation.

3° Enfin, nous avons supposé que l'assuré voulait l'irrévocabilité du droit du bénéficiaire.

On est donc mal fondé à soutenir que cette irrévocabilité va à l'encontre de son intention : si réellement l'assuré avait eu la volonté d'empêcher l'irrévocabilité, il l'eût interdite radicalement en stipulant au contrat que le bénéficiaire ne pourrait accepter l'assurance qu'après son décès. Dira-t-on qu'il est bizarre de voir un assuré consentant à ce que l'assurance soit définitive au profit de telle personne ?

Est-ce plus singulier que l'irrévocabilité d'une rente viagère que l'on consent gratuitement au profit d'un tiers ; et prétendra-t-on que l'assurance sur la vie ne saurait être irrévocable et voulue comme telle par l'assuré, parce qu'il peut craindre que le bénéficiaire ne devienne demain son ennemi ?

Toutes ces raisons sont peu solides, dictées qu'elles sont d'ailleurs par l'idée qui veut faire de l'assurance sur la vie un contrat en dehors des conventions ordinaires.

Il n'est pas possible d'admettre la révocation *ad nutum* de l'assurance attribuée à un tiers. Le consentement permanent de l'assuré est une

idée inadmissible. De son essence et par
constitution intime, l'assurance sur la vie n'est
pas révocable.

Mais la révocabilité du droit du bénéficiaire, qui n'est pas, si l'on veut, de l'essence
même du contrat d'assurance, ne résulte-t-elle
pas, tout au moins, de la manière dont le contrat est passé et réalisé en fait?

Le contrat d'assurance est annuel ; le droit
qui en résulte pour le tiers n'est il pas annuel lui-
même ? l'assuré, qui peut ou non, l'année écoulée, continuer le contrat ou le laisser éteindre,
n'a-t-il pas, par là-même, un moyen de révocation ?

Oui, dit M. Couteau; il résulte « de la faculté
« d'abandonner l'assurance par le non-paie-
« ment de la prime la conséquence que la
« transmission du bénéfice peut toujours, en
« fait, être l'objet d'une révocation [1]. » M. Esselin est de cet avis : « En fait, l'assuré peut tou-
« jours révoquer la libéralité en cessant de
« payer les primes [2]. »

Mais M. Couteau, qui admet cette révocabilité de fait de l'assurance par l'assuré, indique
un moyen de l'éviter : le bénéficiaire payera lui-
même la prime nécessaire, et, perpétuant ainsi

1. COUTEAU, t. II, n° 455.
2. ESSELIN, *Manuel de l'assuré*, p. 21.

son droit, pourra exiger de l'assuré le remboursement de sa dépense. C'est là une contradiction:
d'un côté l'on affirme que le droit du titulaire
est révocable; de l'autre, on déclare qu'il peut
être maintenu par le fait du bénéficiaire ; d'où
résulte que le non-paiement de la prime par
l'assuré n'est pas un moyen de révocation, si
cette prime, condition d'existence du droit à
l'indemnité, peut être fournie par le bénéficiaire
et réclamée ensuite par lui à l'assuré.

Mais précisément, voici le point délicat :
l'assuré demeure toujours libre, cela est certain, de ne pas verser entre les mains de la
Compagnie sa prime annuelle, destinée à for -
mer le contrat pour une nouvelle année. Cette
faculté lui permet de révoquer le contrat d'assurance, si le bénéficiaire n'a pas le droit de se
substituer à lui et de maintenir le contrat en
payant lui-même les primes : le bénéficiaire
a-t-il ce droit ? Là est toute la question.

C'est ici que réapparaissent les trois théories
différentes de l'assurance au profit d'un tiers :
stipulation pour autrui, l'assurance offre de la
Compagnie, l'assurance gestion d'affaires.

Si l'assurance est une stipulation pour autrui,
le bénéficiaire n'a pas le droit de maintenir le
contrat en payant lui-même la prime. Pourquoi?

C'est que le paiement de la prime est le
mode de renouvellement d'un contrat qui s'était

éteint et que l'on a fait à nouveau. Cette conclusion d'un nouveau contrat ne peut émaner que de l'assuré lui-même : c'est envers lui seul que la Compagnie s'est engagée ; c'est son consentement propre qui est nécessaire pour former le lien contractuel.

On ne comprendrait point que le bénéficiaire vînt substituer sa volonté à la volonté défaillante de l'assuré; il est étranger au contrat, tout au moins il n'y figure que pour en recueillir un bénéfice ; c'est en dehors de lui que le contrat est né. Conséquence : il n'a aucun titre à renouveler l'assurance ; ce renouvellement ne peut être fait que par l'assuré lui-même. Ce dernier est omnipotent ; personne ne peut agir contre son gré ; il est libre ou non de renouveler le droit du bénéficiaire.

Mais il reste une hypothèse à prévoir : le preneur continue le contrat en payant la prime annuelle ; peut-il conférer à une personne autre que le premier bénéficiaire le profit de l'assurance ? Deux systèmes ont été proposés, le premier déclare :

1° Que le preneur d'assurance, maître de ne pas faire naître le droit à l'indemnité, est par là même maître de l'attribuer à qui bon lui semble. Qu'importe au bénéficiaire que le droit à l'indemnité disparaisse entièrement ou subsiste au profit d'un autre ? Le résultat est le même.

2° Tel n'est point le résultat auquel aboutit le second système, qui nous semble préférable. L'assurance primitive est née au profit d'un bénéficiaire déterminé.

Lorsque, chaque année, l'assuré renouvelle le contrat, il le renouvelle avec son primitif aspect et ses conséquences premières; en d'autres termes, la stipulation faite dans le premier contrat au profit du bénéficiaire comprend tous les droits à l'indemnité qui doivent naître chaque année du renouvellement du contrat.

Ce système rend parfaitement compte de la véritable intention du preneur d'assurance : ce dernier, lorsqu'il a stipulé au profit du bénéficiaire, n'a pas entendu lui conférer le bénéfice de l'assurance seulement pour une année, mais a voulu l'appeler, d'une façon aussi large que possible, à recueillir l'indemnité éventuelle qui pouvait résulter de l'assurance ; virtuellement, le bénéficiaire a droit à tous les avantages futurs de l'assurance.

Si donc le preneur d'assurance renouvelle son contrat, il ne peut le renouveler que dans les conditions primitives, et au profit du preneur bénéficiaire. La théorie de M. Thaller nous conduit aux mêmes solutions, avec plus de rigueur peut-être, puisque, avant le décès de l'assuré et avant l'acceptation de l'offre par lui faite à la compagnie, le bénéficiaire ne tient aucun droit du contrat.

Peut-être pourrait-on, avec MM. Herbault [1] et Dujarier [2], dire que le bénéficiaire peut contraindre l'assuré à payer les primes ; mais cette solution ne nous semble pas admissible : l'assuré reste libre; le contraindre à payer la prime, ce serait le contraindre à passer de force un contrat. On ne peut à ce point violer sa liberté.

Nous devons donc conclure qu'en principe, soit que l'on envisage l'assurance au profit d'un tiers comme une stipulation pour autrui, soit que l'on adopte la théorie de M. Thaller, la révocabilité de l'assurance est possible de la part de l'assuré.

Quelle solution adopter avec la théorie qui envisage l'assurance sur la vie comme une gestion d'affaires?

Ici, la question change d'aspect : le bénéficiaire apparaît comme le maître de l'affaire gérée; l'assuré n'est que son représentant; le vrai titulaire, c'est le bénéficiaire.

Si telle est la situation du bénéficiaire, on ne voit pas bien quelle raison l'on pourrait invoquer pour lui enlever le droit de renouveler, s'il le veut, le contrat d'assurance. En somme, il a réellement contracté avec la compagnie ; son consentement, ratifiant le contrat formé primi-

1. HERBAULT, *Traité des assurances sur la vie,* p 186
2. DUJARIER, *De l'assurance en cas de décès,* p. 48.

tivement, s'unit avec celui de la compagnie pour former le premier contrat.

Rien ne s'oppose à ce que le consentement s'unissant à celui de la compagnie ne forme les contrats futurs.

En d'autres termes, une fois la ratification intervenue, le bénéficiaire devient le titulaire, le maître du contrat ; vainement, l'assuré essaierait de suspendre l'opération et de révoquer les droits du bénéficiaire.

L'on en conclut que, dans ce système, le preneur doit être contraint au paiement des primes ; car ce paiement n'est plus pour lui qu'une simple prestation d'argent, non pas une forme dans laquelle il manifesterait sa volonté de renouveler le contrat.

En somme, interprète-t-on le contrat d'assurance comme une stipulation pour autrui, le preneur d'assurance est libre de révoquer ou non le contrat.

L'interprète-t-on, au contraire, comme une gestion d'affaires, le bénéficiaire peut toujours maintenir le contrat passé en son nom ; la conséquence qui s'impose est la suivante : lorsque deux personnes veulent faire une assurance irrévocable sur la vie, l'assuré doit se dire gérant d'affaires du bénéficiaire. Toutefois, s'il n'a point pris cette précaution et ne s'est point désigné formellement comme gérant d'affaires, l'assurance apparaîtra néanmoins comme irrévocable, à la condition que l'intention du preneur de s'établir gérant d'affaires soit tacitement reconnue par l'aspect du contrat.

Ces explications sur l'irrévocabilité des droits du bénéficiaire de l'assurance nous permettent de dire très brièvement quels sont ces droits, relativement à l'assurance réduite, au cas de suspension du paiement des primes.

Dans la théorie de la gestion d'affaires, pas de doute pour nous que le bénéficiaire n'y ait droit. Il est le titulaire du contrat et de tous les droits qui peuvent en provenir, donc aussi du droit à l'assurance réduite.

Dans la théorie de la stipulation pour autrui, même solution. Nous avons dit que la stipulation au profit du bénéficiaire pouvait lui conférer le bénéfice de tous les droits à naître de l'assurance, des différentes créances d'indemnité que les primes successives produisaient: pourquoi n'en serait-il pas de même de la créance d'indemnité restreinte à provenir de l'assurance réduite ?

Tels étant les principes, il est maintenant utile de se demander si, pratiquement, l'on doit introduire dans l'assurance vie la possibilité de l'irrévocabilité; est-ce un résultat désirable ? Nous le croyons.

Les avantages que présente l'irrévocabilité de l'assurance sont considérables.

Une personne s'assure en votre faveur, libé-
ralement sans doute ; enfin, c'est pour vous un
grand avantage ; mais toutefois, si l'assurance
est révocable, l'incertitude du résultat apparaît
comme un grave inconvénient : la prudence
vous interdit de compter sur cette acquisition,
simplement possible. — Vous ne pouvez point
disposer entièrement de vos revenus, et vous
ne réaliserez pas d'économies ; car vous seriez
amèrement trompé au cas où l'assuré, revenant
sur la décision primitive, révoquerait le contrat
qu'il a consenti en votre faveur. Aux yeux
des tiers, votre fortune n'est point accrue ; il
n'existe point dans votre patrimoine un élément
de fortune nouveau, une valeur définitive et
positive.

Tout au contraire, si l'assurance est irrévocable, vous pouvez être d'avance certain que
l'indemnité, un jour à venir, fera partie de votre
patrimoine ; elle viendra grossir votre fortune,
et, tranquille de ce côté, vous pourrez en toute
liberté user de vos revenus. L'assurance irrévocable est un élément certain, positif et solide
du patrimoine du bénéficiaire. Ceci est intéressant à connaître et à retenir, surtout en ce
qui concerne les contrats de mariage : l'assurance irrévocable introduite dans ces sortes de
contrats est pleine d'utilité. Souvent, les parents
déclarent, dans les contrats de mariage, s'assu-

rer au profit des époux et des futurs enfants. Cette stipulation n'a point de valeur, si l'assurance est révocable au gré du preneur ; au contraire, elle fournit un avantage positif dans l'hypothèse de l'irrévocabilité, à condition que le preneur soit solvable sans contestation possible. « Est-ce que la constitution de rente « viagère n'est pas un élément habituel des « combinaisons pécuniaires matrimoniales ? Eh « bien, sous prétexte qu'elle repose sur la « vie humaine, qu'elle intéresse des hommes « à la mort de leurs semblables, enlevez-lui le « caractère d'irrévocabilité : vous la verrez dis- « paraître des contrats de mariage ; vous aurez « tari cette source de libéralités. La constitu- « tion de rente viagère est en honneur dans les « contrats de mariage ; elle les facilite parce « qu'elle est irrévocable. Donnez ce caractère à « l'assurance ; elle prendra une énergie nou- « velle, elle se multipliera, et, en se multipliant, « elle étendra ses bienfaisants effets. Il ne nous « convient pas de rechercher tous les avantages « pratiques de l'irrévocabilité donnée à l'assu- « rance ; c'est à faire aux gens que le dévelop- « pement de cette institution touche immédia- « tement, aux assureurs [1]. »

Tels sont les services que peut rendre

---

1. Deslandres, *Ass. sur la vie*, p. 149.

l'assurance irrévocable sur la vie: mais n'est-ce point empêcher la formation de beaucoup de contrats d'assurance que de leur donner ce caractère.

Nombre de preneurs ne seront-ils pas arrêtés par cette considération? Ne s'assure-raient-ils pas plus volontiers, s'ils savaient être libres un jour de casser l'opération intervenue. Cette objection ne nous arrête point ; car l'assuré est toujours libre de déclarer formellement, dans son contrat, qu'il entend que son assurance sera révocable. Il peut, pour ce faire, déclarer qu'il entend accomplir une stipulation pour autrui, aux termes de l'article 1121, ou encore, qu'il veut agir comme gérant d'affaires, sans se lier pour l'avenir.

Rien ne s'oppose à cette déclaration de volonté du preneur ; l'irrévocabilité de l'assu-rance-vie n'est point tellement de son essence, qu'on ne puisse concevoir une assurance révocable sans elle ; elle constitue seulement une qualité précieuse qui s'attache à l'assurance au cas où le preneur n'en a point décidé autre-ment.

SECTION II

Bénéficiaires indéterminés

L'on peut supposer qu'au lieu de désigner nommément le bénéficiaire dans la police d'assurance, l'assuré a entendu contracter au profit de personnes actuellement ou à tout jamais incertaines.

Il n'a pas dit : l'indemnité sera payée à mon frère, à ma sœur, à mon fils Paul, par exemple; il a voulu gratifier ses enfants, ses frères ou ses sœurs, non seulement ceux qui existent maintenant, mais encore ceux qui existeront au décès ; le contrat, au lieu de spécifier la personne bénéficiaire et de l'indiquer par son nom, ne contient qu'une indication vague, imprécise, incertaine. Que faut-il décider dans ce cas ? Cette situation est-elle assimilable à la précédente, et produit-elle des effets identiques? C'est là une question intéressante et importante, surtout quant au point de savoir si l'assurance contractée au profit d'un tiers indéterminé lui confère immédiatement un droit propre, et place dans son patrimoine la créance d'indemnité issue du contrat.

Le problème est d'autant plus important, qu'il se pose très fréquemment et présente de notables intérêts pratiques. Il se pose, en effet, dans deux grandes catégories d'hypothèses : soit que les bénéficiaires désignés au contrat se trouvent être les héritiers appelés à la succession de l'assuré défunt, soit qu'au contraire, lés bénéficiaires se trouvent être des personnes n'ayant rien à prétendre à cette succession.

Les uns et les autres, héritiers ou non héritiers, ont intérêt à prendre l'indemnité à un titre personnel et comme un droit propre.

1° Cela est évident pour ceux qui ne sont pas appelés à recueillir la succession, puisque, à défaut de droit spécial à l'indemnité, ils n'en ont aucun autre, et n'ont pour seul titre que le contrat d'assurance.

2° Cela est non moins certain pour les héritiers, parce qu'eux aussi ont intérêt à ce que leur droit à l'indemnité se distingue de leurs droits à la succession. Cela leur permet : 1° de refuser la succession et de recueillir l'assurance ; 2° de recueillir l'assurance au cas d'acceptation bénéficiaire ; 3° d'éviter, quant à l'indemnité, les droits de mutation par décès.

La question est donc fort intéressante : il est capital de savoir quelle solution elle comporte.

Si l'on voulait une preuve de la difficulté de ces questions complexes, il faudrait la chercher dans les tâtonnements et les incertitudes de la jurisprudence. Elle a, en effet, passé en cette matière par trois phases différentes.

Dans une première période, elle a, en s'inspirant de la nature du contrat, refusé de comprendre le capital assuré dans la succession ; dans une seconde période, elle a fait tomber ce capital dans la succession ; dans une troisième période enfin, elle a créé au profit des bénéficiaires un droit direct et personnel, acquis *jure proprio* et non *jure hereditario*. Il est donc nécessaire de suivre en ses développements, tout autant qu'en ses fluctuations, la jurisprudence sur cette matière.

Un jugement du Tribunal civil de la Seine, du 23 mars 1850 [1] consacre le droit du preneur d'assurance de faire, au moyen d'un contrat d'assurance et à une personne nettement désignée, une libéralité, laquelle n'est pas une donation soumise aux formalités du Code civil. Ce principe général posé, la Cour de Caen fut appelée à juger le cas où l'assurance était faite d'une façon générale au profit des enfants du défunt [2]. Des créanciers ayant formé une saisie-arrêt, la Cour repoussa cette prétention, par le motif que le père avait créé au profit de ses enfants un droit propre, droit qu'ils ne trouvaient

1. Seine, *Journal des ass.*, 51, p. 61.
2. Caen, 11 janvier 1863, *Journal des ass.*, 63, p. 234.

pas dans la succession du père, mais seulement
dans le contrat d'assurance accepté par la
compagnie. De cet arrêt de la Cour de Caen, on
peut rapprocher l'arrêt de la Cour de Lyon [1] du
du 2 juin 1863, rendu sur les conclusions de
M. l'avocat général Onofrio, qui pose en principe que « le contrat d'assurance crée, au profit
« du destinataire du capital, un droit qui naît
« dès le moment du contrat, et qui, simplement
« suspendu dans son existence tant que dure la
« vie de l'assuré, existe parallèlement à l'obli-
« gation où est l'assureur de payer le capital
« au temps convenu ; d'où il suit qu'à aucune
« époque, le montant de l'assurance ne tombe
« dans le patrimoine de l'assuré, et qu'il ne
« peut dès lors être revendiqué par ses créan-
« ciers à son décès ».

Le Tribunal de Colmar alla plus loin encore,
dans une espèce où l'assuré avait décidé que le
montant de l'assurance serait payé à ses héritiers ou à son ordre. Le tribunal décida que l'on
devait avant tout tenir compte, pour interpréter
le contrat, de la volonté présumée des parties,
et que, dans l'espèce, le commerçant, père de
famille, avait entendu stipuler, non au profit de
sa succession, mais au profit de ses enfants nés

---

1. Lyon, *Journal des ass.*, 63, p. 252 (D. 63, ii, 202 ; D. 63, ii, 119).

ou à naître. Il en résultait que ceux-ci avaient droit au bénéfice de l'assurance par cela même qu'ils étaient enfants de l'assuré, et n'avaient pas besoin, pour pouvoir y prétendre, d'accepter sa succession ; le bénéfice de l'assurance constituait donc un droit propre, non un droit héréditaire [1].

Réunies en un faisceau, ces diverses décisions arrivent à déclarer que le preneur d'assurance a entendu transmettre au bénéficiaire indéterminé un droit propre, indépendant de son droit héréditaire au cas où, par hasard, il serait héritier.

C'est ce principe que la Cour de Paris consacra plus fermement encore, s'il est possible, dans son arrêt du 5 février 1867, rendu sur les conclusions de M. l'avocat général Descoutures.

La Cour constata que l'assurance était payable aux ayants droit de l'assuré; elle ajouta que jamais le bénéfice de l'assurance n'avait fait partie du patrimoine du stipulant ; qu'en conséquence, il n'entrait point dans la computation des biens de la succession, et ne pouvait même faire partie de la communauté, qui cependant avait payé les primes.

Du principe, résultait la conséquence sui-

---

1. Colmar, 27 février 1865 (S. 65, ii, 337 ; — D. 65, ii, 93).

vante. Dès le jour du contrat, les ayants droit avaient un droit acquis au futur capital de l'assurance ; ils recueillaient donc ce capital, au décès de l'assuré, comme un droit propre et non point à titre héréditaire [1].

Ce système, si nettement établi par la jurisprudence, fut adopté par certains auteurs, résolument combattu par d'autres.

Parmi les premiers, de Courcy, Blondel, Tissier, Vibert et Ruben de Couder [2], déclaraient que la solution de la jurisprudence est imposée par la nature et le but du contrat de l'assurance sur la vie.

L'intention du père de famille, disaient-ils, est de créer un fonds de garantie distinct de la succession au profit de ses ayants droit.

Le véritable assuré, c'est le bénéficiaire; c'est lui qui est garanti par le contrat d'assurance du risque que lui fait courir la mort prématurée du preneur.

Ce système, d'ailleurs équitable, a été repoussé par M. Herbault [3], qui enseigne que la volonté du preneur peut fort bien être que ses

---

1. Paris, 5 avril 1867 (S. 67, ii, 249). — Rouen, 12 mai 1871 (S, 71,ii, 279).

2. De Courcy, *Précis d'ass. sur la vie*, p.79.—De Loynes,*Rev.crit. de législ.*, 71, 72, p. 90, 91, 95, 96. — Ruben de Couder, v° *Ass. sur la vie*, n° 91 et les référ.

3. Herbault, *Ass.*, p. 209.

héritiers recueillent l'indemnité d'assurance, non point *jure proprio,* mais *jure hereditario.*

Notamment, dit-on , lorsque l'assuré s'est servi du mot héritier, il est bien probable qu'il a voulu comprendre le bénéfice de l'assurance parmi ces biens héréditaires, faire rentrer le droit à l'indemnité dans son patrimoine personnel. Ou bien le bénéficiaire est une personne déterminée, et alors il devient propriétaire de la créance contre la compagnie du jour même du contrat ; ou bien le bénéficiaire est une personne indéterminée : il ne devient pas immédiatement propriétaire du capital.

C'est cette dernière opinion qu'adopta la Cour de cassation, par un arrêt du 7 février 1872 [1]; elle renonça à son ancienne jurisprudence, et ne reconnut plus le droit propre des héritiers. Elle persista dans sa nouvelle opinion et adopta, par un arrêt du 15 décembre 1873, les conclusions de M. le premier avocat général Blanche. Attendu, disait-elle, que « les contrats d'assu-
« rance sur la vie, inspirés par un juste senti-
« ment de prévoyance, ont une cause licite, et
« qu'à défaut de dispositions spéciales , les
« effets de ces contrats et les modes de trans-
« mission des droits qui en dérivent doivent
« être réglés et déterminés par les dispositions

---

1. Cass., 1872 (S., 72, 1, 86 ; P. 72, 175 ; D., p. 72, 1, 207).

« générales du Code civil ; que, sauf le paie-
« ment des primes, dont la durée est aléatoire,
« l'engagement contracté par la compagnie
« d'assurance de payer le capital assuré, cons-
« titue de sa part une obligation ferme ; que
« le droit à ce capital est irrévocablement ac-
« quis au stipulant du jour du contrat et fait
« partie de son patrimoine ; que l'exigibilité
« seule en est différée jusqu'au jour de son
« décès ; qu'aux termes de l'article 1121 Code
« civil, le stipulant a sans doute la faculté de
« conférer à un tiers le bénéfice de ce contrat ;
« mais que cet article ne peut recevoir d'appli-
« cation que lorsque la disposition est faite au
« profit d'une personne déterminée ; que si, au
« lieu d'attribuer le capital assuré à une per-
« sonne déterminée, le stipulant se borne à
« convenir que ce capital sera payé à ses héri-
« tiers , à son ordre, ou aux personnes qu'il
« se réserve de désigner, la stipulation tombe
« sous l'application, non plus de l'article 1121,
« mais de l'article 1122 Code civil, et reste sou-
« mise à tous les modes de transmission éta-
« blis ou permis par la loi; que, tant que le sti-
« pulant n'en a pas autrement disposé, le droit
« au capital assuré dérivant de ce contrat
« continue à faire partie de son patrimoine ;
« que cette indication vague et indéterminée ne
« peut, de son vivant, conférer un droit propre

« à ses héritiers encore incertains, et que ceux-
« ci ne peuvent être appelés à recueillir le
« bénéfice du contrat d'assurance qu'en vertu
« et dans les limites de leur vocation hérédi-
« taire, qui ne s'ouvre qu'avec la succession [1]. »

Cette formule de la jurisprudence ruinait
tout l'ancien système, et se posait en antagonisme
résolu avec les décisions antérieures. Les cours
d'appel n'adoptèrent pas. au premier abord, les
décisions de la Cour de cassation.

Le Tribunal de Beauvais, dans un jugement
du 6 mai 1874, reconnaît encore un droit propre
à l'indemnité à des bénéficiaires indéterminés.
Le Tribunal de Dijon [2] (5 mai 1875,) la Cour de
Dijon (4 août 1875) [3], les Cours de Rouen et de
Caen [4] (27 juillet 1875 et 14 mars 1876) tentèrent
aussi de résister. Mais ces résistances furent
vaines.

La Cour de cassation cassa les arrêts de
Dijon et de Caen, et, ne s'arrêtant pas là,
rompit complètement avec l'ancienne jurisprudence, dans son arrêt du 10 février 1880.

Elle statua que « les bénéficiaires indéter-
« minés n'ont pas de droit propre, même si le
« juge du fait décide, par interprétation de la

1. Cass. (S. 78, 1, 199 ; P. 74, 507 ; D. p. 74, 1, 113).
2. Dijon (*Journ. des ass.*, 1876, 116).
3. Dijon (*Journ. des ass.*, 1876. 146).
4. Rouen et Caen (D. 1876, 11, 182 ; D. 1877. 11, 231.)

« volonté de l'assureur, que celui-ci, en stipu-
« lant au profit de ses héritiers, a entendu
« stipuler au profit de ses enfants déjà nés au
« moment du contrat et existant encore au
« moment du décès ; qu'il ne s'agit pas d'une
« interprétation de contrat, mais de l'effet
« légal de la clause au profit de personnes
« futures et encore incertaines[1]. »

Ces injonctions si formelles et si impératives furent dorénavant suivies par le Tribunal et la Cour de Nîmes[2].

Mais ce fut le Tribunal de Lunéville qui, poussant l'opinion à ses dernières limites, fit voir tout ce qu'elle avait d'excessif en supprimant le pouvoir d'interprétation du juge.

Pour le tribunal, la solution du litige ne dépend point de la volonté des parties, mais de l'apparence externe du contrat : « A défaut d'une
« indication nette, précise et, pour mieux dire,
« nominative des bénéficiaires, la somme
« assurée doit demeurer dans le patrimoine du
« preneur d'assurance. »[3]

Cette formule fut critiquée par la Cour de Nancy, qui reconnut que si, malgré sa formule non nominative, le stipulant a eu en vue des

---

1. Cass. (*Journ. des ass.*, 1880. 257).
2. Trib. et Cour de Nîmes, 30 juin 1879, 25 février 1880 (*Journ. des assur.*, 1880,186).
1. Lunéville (D. 1885. 1. 150).

personnes certaines, le bénéfice de l'assurance qu'il a entendu leur accorder constitue pour elles un droit propre.

La Cour de cassation admit, le 2 juillet 1884, cette nouvelle théorie, et son système se résuma alors dans les deux propositions suivantes : lorsque le bénéficiaire est une personne incertaine, il ne peut prétendre à un droit propre résultant du contrat lui-même ; lorsque, au contraire, sous une désignation incertaine, le preneur d'assurance a eu en vue des personnes déterminées, ses bénéficiaires ont un droit direct né du contrat.

Que faut-il penser du système de la jurisprudence ? — Toute la question se réduit à celle de savoir quelle interprétation il convient de donner à la volonté de l'assuré dans cette hypothése. L'assuré, contractant au profit de tiers indéterminés, a-t-il voulu créer à leur profit un droit propre ? A-t-il entendu, au contraire, faire tomber ce droit dans son patrimoine et en constituer un élément de sa succession ?

Toujours partisan de fortifier le droit du bénéficiaire, M. Couteau dit : « On doit pré-
« sumer que l'intention a été de créer, en dehors
« du patrimoine, au moyen de l'assurance, des
« ressources pour la famille. En réalité, c'est
« le bénéficiaire qui est assuré, c'est lui

« qu'on a voulu garantir, et non enrichir sa suc-
« cession [1]. »

Telle est aussi la solution de M. Mornard [2]:
« la jurisprudence, dit-il, en donnant une solution opposée, a pris le contre-pied de l'intention
des parties. » Mais, MM. Herbault et Dujarier
professent une opinion contraire : peut-on soutenir, dit le second, que le stipulant ait voulu avan-
tager les bénéficiaires comme donataires, alors
qu'il a stipulé en termes généraux pour des
personnes désignées en bloc, alors qu'il ne
connaît peut-être pas même celles qui recueil-
leront son hérédité [3] ?

Pour nous, l'assuré doit être présumé avoir
voulu conférer un droit propre, indépendant de
sa succession au bénéficiaire, même indéterminé.
Quelle est la pensée de celui qui s'assure ?
C'est qu'il doit mourir, et que sa mort peut
causer un préjudice grave à certaines personnes
qui lui sont chères, et pour lesquelles il craint
un avenir difficile.

Or, l'avenir ne sera jamais plus difficile que
s'il meurt laissant une mauvaise situation pécuniaire ; et n'est-ce point précisément cette hypothèse qu'il a voulu prévoir ? S'assurant, n'a-t-il
pas voulu mettre ceux pour qui il prend cette

1. COUTEAU, *Traité des ass.*, t. II, p. 399.
2. MORNARD, Thèse, p. 208.
3 DUJARIER, p. 59-60.

précaution à l'abri de la mort et des mauvaises affaires.

Il est donc naturel de croire qu'il a voulu leur attribuer un droit indépendant de sa succession, un droit propre. La nature du contrat d'assurance, contrat essentiellement de prévoyance, nous conduit à cette solution.

Sans doute, l'on peut objecter que la clause est indéterminée, mais cela signifie-t-il que le preneur d'assurance n'a pas eu l'intention d'accorder au bénéficiaire un droit propre? Non, sans doute. A supposer que le preneur ait voulu faire tomber l'indemnité dans son patrimoine et en faire un élément de sa successsion, il n'eût désigné aucun bénéficiaire; il lui suffisait de s'assurer purement et simplement, sans stipuler que le paiement de l'assurance aurait lieu au profit de tiers, désignés vaguement sans doute, mais désignés.

Quelque indéterminée qu'elle paraisse, la désignation du preneur indique son intention d'accorder au tiers bénéficiaire un droit personnel, indépendant de son patrimoine propre et en dehors de sa succession. D'ailleurs, la désignation de tiers indéterminés a un grand avantage. Supposons le cas d'une personne qui s'assure jeune encore: actuellement son travail fait vivre ses parents, mais bientôt ce travail servira à nourrir les enfants qui naîtront de son mariage, enfants dont le nombre est à présent indéterminé.

Comment cette personne, qui veut contracter son assurance au profit de tous ceux qui vivent de son travail, peut-elle s'y prendre? Stipulera-t-elle seulement au profit de ses parents ou de ses enfants déjà nés? Cela serait exclure les enfants à naître, qui sont peut-être déjà conçus au moment de sa mort. Elle ne peut donc employer qu'une formule vague et compréhensive, qui embrasse à la fois les personnes dont l'existence est dès maintenant certaine et celles dont l'existence future est possible ; la personne dira : « L'indemnité sera payable à mes héritiers. » Tout nous conduit à admettre que la volonté, de la part de l'assuré stipulant pour des bénéficiaires indéterminés, tend à leur conférer un droit propre, puisque, d'une part, l'esprit du contrat d'assurance l'exige, et que, d'autre part, il existe des cas où la volonté ne peut se produire dans une forme plus précise.

CHAPITRE II

Cession de l'assurance

La police d'assurance peut devenir entre les mains du titulaire un instrument de crédit; elle peut être donnée en nantissement ou être cédée. C'est là une faculté dérivant de la nature du contrat, et les polices contiennent généralement une stipulation expresse à ce sujet; mais cette clause n'est point nécessaire, et, alors même qu'elle ferait défaut, le droit de transmission devrait être admis sans difficulté. Pour n'être point très fréquente, la cession n'est pas cependant une faculté purement théorique. Les praticiens [1] l'étudient volontiers, et souvent la Cour suprême [2] est appelée à se prononcer sur des questions de cession d'assurance.

Mais, si la pratique nous fournit des exemples de cession et nous indique les modes suivant lesquels cette opération se réalise, elle ne nous fait point connaître dans quelles circonstances la cession est possible, pas plus qu'elle ne nous indique quels sont ses effets juridiques.

1. *Bénéfices de l'ass., instruct. prat.*, par M. Dubois.
2. Cass., arrêts des 16 janvier et 27 mars 1888.

Ce sont là autant de questions qui nous restent à étudier.

Nous allons donc rechercher successivement :

Dans quels cas la cession de l'assurance est possible,

Et quels effets produit la cession.

SECTION 1re

Dans quels cas la cession de l'assurance est-elle possible ?

Il est certaines circonstances dans lesquelles il est impossible de parler de cession d'assurance. L'assurance primitive contient , par hypothèse, une attribution de bénéfices susceptible d'être acceptée et qui, en fait, l'a été ; la situation, dans ce cas, est fort simple. Considère-t-on l'assurance au profit d'un tiers comme une gestion d'affaires, le bénéficiaire, devenu titulaire du contrat, tient du maître tous les droits qui en naissent. Envisage-t-on l'assurance comme une stipulation pour autrui, le bénéficiaire, devenu titulaire du contrat, conserve dans son patrimoine la créance actuelle, née du paiement de la prime antérieure à la cession. Il a de plus un droit acquis à toutes

les créances éventuelles que l'assuré fera naître
en payant les autres primes. Enfin, envisage-t-
on l'opération comme une offre de paiement de
l'indemnité, ainsi que le veut M. Thaller, dans
ce cas aucun droit immédiat n'est acquis au
bénéficiaire.

En présence de ces faits, et si l'on accepte les
deux premières théories, il n'y a pas de cession
possible de la part de l'assuré ; il n'a, en effet,
aucun droit au contrat, puisque, par avance, il
en a cédé tous les avantages au tiers bénéficiaire.

Au cas où l'on adopte la troisième théorie,
il ne peut pas non plus être question de cession.
Aucun droit, en effet, n'est né du contrat, ni
pour le preneur ni pour le bénéficiaire, qui
puisse être transmissible. La seule faculté
qu'aura le bénéficiaire, c'est d'accepter l'offre
que la compagnie est tenue de lui faire après
le décès de l'assuré. Le droit à l'indemnité ne
naît point immédiatement ; un transport de
créance ne peut donc avoir lieu. Telles sont les
solutions qui nécessairement s'imposent dans
le cas où l'assurance est faite au profit d'un
tiers bénéficiaire, et où celui-ci a accepté l'indemnité stipulée.

La question est tout autre dans le cas où
l'assurance est contractée sans attribution de

bénéfices, ou bien encore dans l'hypothèse où l'attribution de bénéfices par le tiers bénéficiaire n'a pas encore été acceptée.

Dans les deux cas, tous les droits de l'assurance sont nés, et demeurent dans les patrimoines du preneur ; ils restent à sa disposition : si l'assurance est cessible, c'est dans ces deux situations qu'il faut se placer pour étudier ses effets.

L'assuré a deux droits bien distincts : d'une part, il a un droit de créance conditionnel ; la compagnie doit lui payer l'indemnité, s'il meurt dans l'année ; le paiement de la prime, en effet, lui a conquis ce droit. Ce n'est pas tout: par suite du contrat d'assurance, l'assuré à encore acquis le droit de renouveler chaque année son assurance en payant les primes convenues. Lequel de ces droits est cessible ? le sont-ils tous les deux ? Telle est la question. Il apparaît bien tout d'abord que le droit éventuel du renouvellement du contrat d'assurance est personnel à l'assuré ; seul son consentement peut s'unir à celui de la Compagnie pour former de nouveaux contrats. Mais cependant, une circonstance peut faire douter de la rigueur de ce principe lorsque les parties ont inséré dans la police la clause à ordre ; elles ont entendu faire de l'assurance quelque chose d'essentiellement transmissible. Elles ont dit que la propriété de la police pouvait être transférée par endossement : cela équivaut à dire que la situation complète qui résulte de l'assurance pour l'assuré primitif, que tous les droits qui lui appartiennent, peuvent être sans exception transférés à un tiers.

L'on ne voit donc pas pourquoi une exception existerait en faveur du droit au renouvellement de l'assurance.

La translation du titre (la police) équivaut à la translation de la propriété de l'assurance elle-même.

L'assuré, ce n'est plus désormais le premier stipulant, c'est le dernier endosseur. Ce transfert de la propriété complète de l'assurance est-il possible ? Sans doute, — car la compagnie d'assurance, en adhérant au contrat, s'est engagée à considérer l'endosseur de la police comme le véritable assuré. Il est entendu qu'elle recevra les primes, non seulement du souscripteur de la police, mais de celui auquel le titre pourrait être endossé ; d'où résulte que le droit de renouveler le contrat n'est plus personnel au preneur primitif, s'il n'a pas été donné en considération de sa personne, mais s'étend aux cessionnaires futurs.

L'essence de la clause à ordre n'est point d'engager uniquement le souscripteur du titre qui en est revêtu vis-à-vis de son contractant actuel, mais encore de l'engager vis-à-vis de quiconque sera désigné par endossement. L'on voit donc bien, d'après ces explications, dans quels cas la cession est possible.

Elle se conçoit, dans toutes les hypothèses et quelle que soit la teneur de la police, pour le droit de l'assuré à l'indemnité résultant du paiement de la dernière prime ; elle ne se conçoit point, au contraire, pour le droit au renouvellement de l'assurance, parce que ce droit est personnel à l'assuré. A ce second principe, il convient d'apporter l'exception que nous avons étudiée.

La cession du droit au renouvellement est possible au cas où la police contient la clause à ordre : cette clause a pour effet de faire disparaître la personnalité du droit de l'assuré au renouvellement. Nous connaissons maintenant les hypothèses dans lesquelles la cession peut intervenir ; nous avons maintenant à nous demander quels sont les modes de cession.

Tout d'abord, la cession peut se faire, dans la forme prescrite par l'article 1690 du Code civil, pour le transfert des créances ; le cessionnaire fait à la compagnie signification du transfert. La cession peut encore se réaliser, au moyen de l'endossement, pour les polices qui sont susceptibles de ce mode de transmission ;

pour être régulier, l'endossement énoncera le nom de celui à l'ordre de qui il est passé, exprimera la valeur fournie, sera daté et signé. (Art 137 du Code de commerce.)

Enfin, la cession pourra encore être effectuée par un avenant, c'est-à-dire par un acte qui intervient entre la compagnie et le souscripteur de l'assurance pour modifier ou expliquer les termes d'une police précédemment souscrite.

1° Lorsque le contrat d'assurance est cédé suivant les formes du droit civil et les règles prescrites par l'article 1690, le seul droit qu'acquiert le tiers cessionnaire est le droit à l'indemnité, acquis pour l'année en cours, lors de la cession. Il est en effet bien certain qu'il n'acquiert point le droit de continuer le contrat; ce droit reste personnel à l'assuré. La cession n'ayant pas eu lieu par endossement, il est à présumer que la police n'était point endossable. Mais *quid,* au cas où l'assuré continue lui-même le contrat en payant les primes? Le cessionnaire a-t-il droit aux créances éventuelles qui résultent de ce paiement?

Pour nous, en principe, la cession va jusque-là, sans quoi elle est de trop minime effet : est-il pratique de supposer que deux personnes ont pris la peine de rédiger un acte, de le signifier ; les effets de cet acte devant cesser au bout d'une année ou d'une fraction d'année ?

L'assurance n'a de valeur que si l'on envisage toute la durée de la vie de l'assuré, et l'on doit présumer que ceux qui traitent relativement à une assurance se sont placés à ce point de vue, le seul où leur acte ait une signification.

2° L'endossement, lorsqu'il réunit les conditions exigées, investit incommutablement le cessionnaire de la propriété de la police et de toutes les prérogatives qui y sont attachées, sans qu'il soit nécessaire de remplir les formalités de l'article 1690 Code civil. Et il en est ainsi alors même que les dispositions de la police, tout en admettant la transmissibilité par **voie** d'endossement, réservent en faveur des tiers l'observation des formalités exigées par la loi, et notamment l'application de l'article 1690. Les tiers, en pareil cas, ne peuvent s'en prévaloir pour soutenir qu'en l'absence de ces deux formalités, le porteur n'est pas vis-à-vis d'eux saisi de la propriété des sommes assurées. C'est ce qu'ont décidé les arrêts d'Angers, du 28 décembre 1881, et de Paris [2] du 13 décembre 1876 et du 2 avril 1879 [3].

Dans cette dernière espèce, une personne était assurée sur la vie à la Compagnie *La Nationale*, et avait transféré sa police par endos-

---

1. Angers, 28 décembre 1881 (D, 83, ii, 105).
2. Paris, 13 décembre 1876 (D. 78, ii, 18).
3. Paris, 2 avril 1879 (*Journ. des ass.*), 79, p. 215.

sement à une autre personne. Un créancier de
l'assuré primitif prétendait que l'article 12 de
la police stipulait à la fois la transmissibilité
du contrat par endossement, et, réservant à
l'égard des tiers l'observation des formalités
de l'article 1690, la cession ne lui était pas op-
posable, parce qu'elle n'avait pas été notifiée à
la compagnie, conformément à ce dernier article. Un jugement du Tribunal civil de la Seine
du 31 août 1877 avait déclaré nul le transfert
effectué par l'assuré primitif. Mais la Cour de
de Paris, par son arrêt du 2 avril 1879, a in-
firmé ce jugement, en déclarant que « cette
disposition (l'art. 12) ne constitue, ni dans ses
termes, ni dans l'intention des parties qui l'a
dictée, une stipulation faite au profit de tiers
et dont ceux-ci puissent se prévaloir ; qu'elle
ne contient qu'une simple indication derrière
laquelle la Compagnie *La Nationale* a entendu,
en toute hypothèse, abriter sa responsabilité,
mais sans vouloir, par une contradiction qui
serait inexplicable, anéantir la faculté de transport à ordre qu'elle venait de consentir par les
autres dispositions de l'article 12 ».

En réalité, il n'est pas besoin d'insister sur
les effets de l'endossement ; la clause à ordre a
pour but de rendre complètement transférable
la position faite à l'assuré par le contrat dans
son ensemble. Le cessionnaire par endossement

succède à tous les droits de l'assuré primitif, droit à l'indemnité, droit de continuer le contrat d'assurance.

3° Lorsque la cession a lieu par un avenant, quel effet produit-elle ?

Il faut, avant toute chose, déterminer nettement le caractère juridique de l'avenant. Qu'est-ce, en droit, qu'un avenant ? L'avenant a quelque chose d'une contre-lettre ; en somme, c'est un nouveau contrat qui se conclut par l'accord des deux parties contractantes, consentant à changer les conditions du contrat primitif.

Ce caractère de l'avenant a décidé la Cour suprême à juger que cet acte échappait aux formalités de la cession de créance. « L'avenant, « dit-elle, laisse au contrat son caractère spécial « de contrat d'assurance sur la vie, qui com- « porte, pour sa régularité, l'intervention du « stipulant et du promettant, autrement dit, de la « compagnie d'assurance, et qui ne saurait être « confondu avec le contrat de transport. » Si tel est le caractère de l'avenant, il est maintenant facile de comprendre le mécanisme de la cession qui se fait par son moyen. L'avenant constitue un nouveau contrat d'assurance ; ce nouveau contrat contient une clause en faveur du cessionnaire ; cette clause équivaut à une véritable attribution de bénéfices, de sorte que la cession au moyen de l'avenant est tout simplement une assurance souscrite au profit d'un tiers. Celui-ci apparaît comme un bénéficiaire ; il est donc inutile d'insister sur les droits qui lui appartiennent : ces droits sont ceux du bénéficiaire ordinaire.

En vertu de la cession par avenant, il est investi de tous les droits qui naissent du contrat d'assurance ; il a donc la créance d'indemnité et toutes les créances actuelles et futures résultant du contrat.

En résumé, voici les résultats obtenus par les différentes formalités de cession :

1° La clause à ordre et l'endossement de la police, à notre sens, auraient pour effet de transférer au cessionnaire le droit à l'indemnité, aussi bien la créance actuelle que toutes celles à provenir du contrat, et de poursuivre l'assurance.

2° L'emploi des formalités du transfert de créance prescrites au Code civil aboutirait à un droit du cessionnaire à toutes les créances d'indemnité, l'assuré étant d'ailleurs tenu envers le cessionnaire de les faire naître tous les ans en payant les primes ; mais le cessionnaire ne pourrait pas forcer la compagnie à accepter de lui le paiement de la prime.

3° Enfin, la souscription d'un avenant dans lequel on désignerait le cessionnaire comme devant toucher l'indemnité, le placerait dans la posture d'un bénéficiaire, et lui conférerait, suivant le système suivi et la volonté de l'assuré, soit seulement un droit aux créances d'indemnité, soit en plus le droit de payer la prime à la compagnie, si l'assuré ne remplit pas son engagement à ce sujet. On voit que le premier procédé (endossement) crée pour le cessionnaire une situation définitive ; que le second (cession signifiée) le laisse à la discrétion de l'assuré, qui peut suspendre l'assurance, et par là ses droits ; que le troisième (avenant), dans ses effets, se confond avec le premier ou le second, suivant que l'on adopte, sur la question antérieure de la portée de l'attribution du bénéfice, tel ou tel système [1].

La cession confère au cessionnaire les droits principaux résultant de l'assurance. Mais la question se pose de savoir s'il a également les autres droits, droits accessoires qui suivent le principal, ces droits peuvent se ramener à quatre: le droit de participer aux bénéfices de la compagnie, le droit de poursuivre l'assurance, le droit au rachat ou à la réduction et le droit à la cession.

---

1. Deslandres, *Ass. sur la vie*, p. 183, 184.

Nous savons déjà ce qu'il faut décider en ce qui concerne le droit de poursuivre l'assurance; nous ne reviendrons pas sur ce point.

Quant à ce qui concerne la participation aux bénéfices, les solutions qui s'imposaient dans l'hypothèse du bénéficiaire s'imposent au cessionnaire. Ce n'est pas le bénéficiaire qui profite de cet avantage, l'assuré seul y a droit; ce n'est donc point le cessionnaire qui participera aux bénéfices de la compagnie, mais le cédant, l'assuré primitif.

Il faut réserver toutefois le cas où les parties ont eu l'intention contraire, et ont manifestement voulu que la participation aux bénéfices fût un droit accordé au bénéficiaire ou au cessionnaire. Dans ce cas, comme la volonté des parties est primordiale dans le contrat d'assurance, nous déciderons que le cessionnaire a part aux bénéfices de la compagnie.

Le droit au rachat est un droit qui, à première vue, semble personnel à l'assuré: le rachat c'est le renversement de l'assurance; c'est la fin de cette opération de prévoyance, faite en vue du décès de l'assuré. Il est donc fort peu probable que l'assuré ait entendu conférer au cessionnaire le droit d'opérer la transformation du contrat, en d'autres termes, d'exercer le rachat de l'assurance.

En somme, ce que l'assuré a voulu conférer au cessionnaire, c'est le droit aux conséquences normales de l'assurance ; et, à moins d'une volonté contraire, précise et formelle, on ne peut pas reconnaître au cessionnaire la faculté d'exercer le droit au rachat, qui est une conséquence anormale du contrat.

Une solution différente s'impose en ce qui concerne la réduction : la réduction, c'est en somme le droit à une indemnité restreinte ; le cessionnaire a droit à toutes les indemnités résultant de l'assurance quelles qu'elles soient; par conséquent, il a droit à la réduction.

Mais *quid* en ce qui concerne la cession ? Le cessionnaire peut-il, à son tour, céder à une tierce personne la propriété du contrat d'assurance? La question ne se pose pas lorsque la police contient la clause à ordre; en effet, la forme même donnée au titre montre que l'on a prévu une longue série de transmissions ; en réalité, l'assuré a voulu accorder au cessionnaire le droit de céder à son tour la police d'assurance.

L'on peut encore envisager l'opération d'une autre façon, et justifier le droit à la cession par un argumeut différent. Le cessionnaire succède à la situation juridique de l'assuré il y a là une sorte de subrogation. Or, si le cessionnaire acquiert *in globo* l'ensemble des droits de l'assuré, il acquiert en particulier le droit de désigner dans la police un tiers à l'ordre duquel sera payée l'indemnité d'assurance.

Donc, lorsque la police contient la clause « à ordre », il n'y a pas de doute possible : la cession est évidemment de l'essence du contrat d'assurance ; par sa nature même, ce contrat est négociable ; que la police se trouve entre les mains de l'assuré primitif ou entre les mains d'un cessionnaire, elle peut toujours faire l'objet d'une transmission.

La question est plus délicate lorsque la cession primitive a eu lieu dans les formes de l'art. 1690. On peut croire que la cession a été inspirée par un sentiment de prévoyance pour le cessionnaire ; qu'en réalité, l'assuré a entendu laisser le bénéfice du contrat dans le patrimoine du cessionnaire. La négociabilité n'apparaît donc point ici comme la règle ; c'est la règle contraire qui s'impose, à moins de stipulation formelle ; il semble bien que la volonté de l'assuré s'oppose à ce que le cessionnaire cède son droit.

Une solution identique s'impose pour la cession par avenant. Y voit-on une véritable attribution dans une assurance nouvelle, et avec nous, dans cette attribution, reconnaît-on une gestion d'affaires de la part de l'assuré rendant le cessionnaire titulaire du contrat en faisant son affaire, nous donnerions encore la même solution. Ce gérant d'affaires, cet assuré, qui crée ainsi, au profit du concessionnaire, un droit indépendant de la fortune de celui-ci, fruit de sa seule et libre volonté, n'a-t-il pas pu le modeler à sa guise et imposer, comme condition à l'acte émané de son libre arbitre, cette restriction si conforme à l'esprit de l'assurance, que le cessionnaire ne pourra pas aliéner son droit, transférer à un autre la situation qui lui est faite? Nous le pensons. Que l'on se rappelle ce que nous avons dit de cette gestion d'affaires se réalisant par l'assurance au profit d'un tiers. Pour nous, l'assuré, le gérant d'affaires, ne s'immisçant pas dans le patrimoine du bénéficiaire, du géré, a toute liberté pour agir.

Cependant, les solutions que nous avons données ci-dessus ne sauraient subsister au cas où la cession a lieu à titre onéreux. Dans ce cas, en effet, le cessionnaire a acheté l'assurance; il l'a achetée avec tous les droits qui y sont attachés, y compris le droit de cession. La volonté de l'assuré ne lui a rien imposé; c'est sa propre volonté qui a dirigé l'opération. Évidemment, il a voulu acquérir le plus de droits possible. En somme, ou bien la cession a lieu à titre gratuit, et alors le cessionnaire ne peut recéder l'assurance que si la police contient la clause à ordre ; ou bien la cession a lieu à titre onéreux, et dans ce cas, la cession est toujours possible.

Nous venons d'étudier les droits du bénéficiaire et du cessionnaire ; il faut maintenant se rappeler que ces personnes peuvent se trouver en présence des créanciers de l'assuré : quelle sera la situation de ceux-ci? C'est ce qui reste à examiner.

CHAPITRE III

Droits des créanciers

Les créanciers de l'assuré peuvent se trouver en présence de deux situations différentes.

1° En dehors de la faillite de l'assuré.

2° En présence de la faillite.

1° *Des droits des créanciers en dehors de la faillite*

Le premier et le plus important des droits
des créanciers, c'est le droit de gage général
qui, d'après l'article 2092, leur appartient sur
les biens de leur débiteur.

Ce droit se manifeste comme il suit : lorsqu'il naît une créance d'une somme d'argent
dans le patrimoine du débiteur, les créanciers

peuvent pratiquer une saisie-arrêt, en vertu de laquelle eux seuls pourront toucher les sommes dues. D'autre part, lorsque le débiteur acquiert par son fait un bénéfice autre qu'une somme d'argent, les créanciers peuvent s'en prévaloir et exercer eux-mêmes le droit né. Enfin, s'il y a une aliénation frauduleuse de quelqu'un des droits du patrimoine au profit d'un tiers, ils peuvent agir pour faire annuler cet acte frauduleux ou, du moins, l'empêcher de leur porter préjudice. La question est donc de savoir si ces droits peuvent s'exercer en présence d'un contrat d'assurance souscrit par un débiteur, et comportant attribution du bénéfice d'assurance à un tiers.

Il est de toute nécessité d'étudier un à un les divers droits qui peuvent appartenir aux créanciers. Et d'abord, les créanciers peuvent-ils faire une saisie-arrêt? La question se ramène à celle-ci : une fois l'attribution du bénéfice faite à un tiers, l'assuré demeure-t-il créancier d'une somme d'argent contre ce tiers ? Nous ne le croyons pas. Car, si l'on envisage l'acte de l'assuré comme une stipulation pour autrui, comme une gestion d'affaires, ou comme une offre faite par la compagnie au tiers bénéficiaire, l'assuré n'a point un droit de créance contre le bénéficiaire ni contre la compagnie ; en conséquence, ses créanciers n'ont pas droit de saisie-arrêt du chef de cette créance.

Telle est la solution que l'on doit adopter sur la première question : celle de savoir si les créanciers de l'assuré conservent, malgré l'attribution du bénéfice, le droit de saisir–arrêter la créance d'indemnité entre les mains de la compagnie.

Ont–ils encore le droit de l'art. 1166 ? Il faut distinguer. Sans doute, la question ne peut se poser lorsque l'attribution du bénéfice a été formellement acceptée par le tiers bénéficiaire ; mais le problème demeure entier lorsque l'acceptation n'a pas eu lieu. A ce moment, dit-on, l'assuré conserve le droit de révoquer l'assurance ; par conséquent, ajoute–t-on, les créanciers ont eux-mêmes ce droit. Cette argumentation ne nous satisfait point. La possibilité de la révocation repose entièrement et uniquement sur la volonté de l'assuré. L'assuré seul peut donc révoquer son contrat ; ce droit n'appartient pas à ses créanciers, impuissants à se substituer à lui.

Mais, si les créanciers de l'assuré ne conservent point le bénéfice de l'art. 1166, ne peuvent–ils pas agir tout au moins en vertu de l'art. 1167, et attaquer les actes frauduleux de leurs débiteurs qui ont pour effet de les priver d'une partie de leurs gages? Sans doute, l'assurance au profit d'un tiers constitue bien de la part de l'assuré un appauvrissement. Cet appauvrissement consiste dans le paiement des primes, que l'assuré s'engage à effectuer jusqu'à son décès.

Est-ce suffisant? Les créanciers peuvent-ils soutenir qu'en contractant une assurance sur la vie au profit d'un tiers, leur débiteur les a frauduleusement frustrés de leur gage. Avant de répondre à la question, il faut se rappeler que deux conditions sont exigées au cas où l'acte accompli par le créancier est un acte à titre onéreux : d'une part, l'appauvrissement du créancier ; d'autre part, la connaissance que le tiers a de la situation créée par l'acte passé. Il faut se souvenir également qu'une seule condition est exigée lorsque l'acte est un acte à titre gratuit, à savoir l'appauvrissement du débiteur.

Or, l'assurance avec attribution peut être contractée, soit à titre onéreux, soit à titre gratuit. Supposons le cas où l'assurance est contractée à titre onéreux; ici, une seule question peut faire difficulté : comment savoir si le débiteur s'est appauvri ou non en contractant une assurance ?

Sans doute, si le créancier agit durant la vie de son débiteur, le criterium est facile à établir. En effet, l'assuré ne s'est pas appauvri, si la somme qu'il a versée en payant les primes est sensiblement équivalente au profit qu'il peut espérer retirer de l'assurance placée en viager sur sa tête ; il y a appauvrissement au cas où l'équivalence n'existe pas.

Dans le cas où le créancier agit après la mort de l'assuré, la question est fort difficile ; car il n'est plus facile d'établir si les primes payées équivalent à l'indemnité touchée : les créanciers ne peuvent se fonder sur le résultat d'un fait aléatoire de leur débiteur pour s'en plaindre. Tout ce qu'ils peuvent demander, c'est que l'opération apparaisse comme équitablement faite, et qu'il y ait égalité entre la prime imposée à l'assuré et le montant de l'indemnité qu'il devrait toucher.

Au reste, en nous plaçant dans l'hypothèse où l'action paulienne est recevable, il faut bien se rappeler qu'elle a pour seul effet de ramener les primes payées ou à payer dans une juste proportion avec la prestation fournie.

En somme, l'action paulienne ne s'explique que s'il n'y a pas égalité entre l'engagement pris par l'assuré et la prestation qu'il doit recevoir ; c'est à cette seule condition que l'acte est frauduleux, peut être attaqué et donner lieu à une réduction de prime.

Lorsque l'acceptation a été obtenue gratuitement par le bénéficiaire de l'assurance, il n'est pas nécessaire que celui-ci soit *conscius fraudis,* et, d'autre part, il y aura préjudice causé au cas où le débiteur, avant l'attribution de l'assurance, était déjà en état d'insolvabilité. *Bona non intelliguntur, nisi deducto œre alieno.* Cette règle est générale, et l'on ne peut permettre au débiteur d'accomplir une libéralité alors que ses dettes sont restées impayées.

Ainsi, un seul droit, celui résultant de l'article 1167 appartient aux créanciers de l'assuré en présence d'une attribution de bénéfice : quelle est leur situation vis-à-vis d'une cession d'assurance ? Certes, que la cession se fasse par endossement ou suivant les règles de l'article 1690 du Code civil, les créanciers ne sauraient prétendre, une fois l'opération terminée, à exercer la saisie-arrêt ou les droits résultant de l'article 1166 du Code civil.

Reste l'action paulienne.

Les créanciers peuvent-ils l'exercer ? Si la cession est gratuite, nous savons déjà que, pour sa recevabilité, l'action paulienne exige seulement l'appauvrissement de l'assuré.

Si l'appauvrissement existe, les créanciers peuvent exercer l'action paulienne en vertu d'une cession d'assurance. Mais la difficulté est précisément de savoir jusqu'à quel point l'assuré est s'appauvri : ou bien il est convenu que, même après la cession, l'assuré payera lui-même les primes ; dans ce cas, il y a incontestablement appauvrissement de sa part, cela n'est point douteux. Mais au cas où le cessionnaire doit payer les primes, l'assuré s'est-il vraiment appauvri ? Peut-être, mais à coup sûr, dans une mesure moins large. Son appauvrissement consiste seulement dans la valeur de rachat qu'avait l'assurance lors de la cession.

Si, maintenant, l'on envisage le cas d'une cession onéreuse pour le cessionnaire, il est nécessaire que celui-ci soit *conscius fraudis*, et que la prestation qu'il a fournie à l'assuré soit inférieure au bénéfice que celui-ci lui a procuré.

Dans ce cas, quel effet peut produire l'action paulienne, à supposer que les deux conditions soient réalisées ? Ce n'est pas sans doute l'annulation du contrat, parce que l'appauvrissement de l'assuré n'est pas complet. L'on doit donc décider que l'action paulienne aura pour conséquence de faire augmenter le prix de la cession et, au cas où le débiteur aurait payé les primes depuis la cession, de faire restituer le montant de ces primes.

SECTION II

Cas de faillite

L'assuré commerçant a été déclaré en faillite après avoir contracté l'assurance au profit d'un tiers, ou cédé à une personne déterminée le bénéfice de l'assurance qui, primitivement, reposait sur sa tête. Quels sont les droits de ses créanciers en présence de cette situation ?

L'on ne peut plus parler ici de saisie-arrêt : l'article 443 du Code de commerce, prononçant le dessaisissement au profit des créanciers, l'assuré failli, à partir du jugement déclaratif n'a plus l'administration de ses biens; en conséquence, il ne pourra plus recevoir le paiement de la part de bénéfice à laquelle il a peut-être droit, même après la cession, et cela sans que ses créanciers aient besoin de former saisie-arrêt contre la compagnie d'assurances.

Pour l'exercice des droits du débiteur par les créanciers, les conditions sont un peu changées également par la faillite. Le syndic devient le représentant du failli, c'est lui qui exerce ses droits et actions. On peut se demander dès lors si le syndic ne pourrait pas révoquer l'attribution ou la cession faite par l'assuré failli, mais encore non acceptée par le bénéficiaire ou le cessionnaire. Le failli aurait ce droit ; le syndic ne peut-il pas l'exercer comme les autres ?

Nous n'avons pas admis déjà les créanciers, en dehors d'une faillite, à se prévaloir de l'article 1166 pour exercer ce droit; nous écartons aussi le syndic qui voudrait s'en emparer. Il est vrai que celui-ci peut se dire le représentant légal du failli ; mais, pour nous, la révocation dont il s'agit n'est pas l'exercice d'un droit acquis. La révocation a son fondement dans la puissance de la volonté de l'assuré, qui peut défaire la situation qu'il a faite, tant que cette situation n'a pas été saisie par une volonté étrangère, et, par suite, la révocation a besoin, pour être acquise, d'un acte de volonté de l'assuré. Avant que les bénéfices de la révocation puissent être poursuivis, il faut qu'elle ait eu lieu, et la volonté de l'assuré seule est capable de la produire.

Nous relevons un jugement du Tribunal d'Épernay, 17 août 1882, qui statue en ce sens.

Il est vrai qu'il invoque un motif différent du nôtre, l'irrévocabilité de la situation après la mort de l'assuré ; mais, d'une part, l'impossibilité de révoquer à ce moment pour les créan- ou les héritiers de l'assuré, ne peut se fonder que sur la personnalité du droit de révocation, et, de plus, la personnalité de ce droit est tout d'abord affirmée par le tribunal. « Le syndic, dit-il, ne représente le failli que pour tous les actes d'administration auxquels peut donner lieu la faillite; mais il ne peut faire certains actes qui sont exclusivement attachés à la personne. »

Outre le dessaisissement, outre l'attribution des droits d'administration du failli au syndic, la faillite produit un effet considérable : elle jette sur la vie commerciale de celui qu'elle atteint un profond discrédit ; elle permet de faire annuler certains de ses actes. Une présomption générale de fraude plane sur l'activité juridique du failli. L'article 446 du Code de commerce déclare nuls, relativement à la masse, les actes translatifs de propriété mobilière et immobilière faits par le débiteur, depuis l'époque de la cessation des paiements et dans les 10 jours qui ont précédé.

L'attribution du bénéfice de l'assurance à un tiers ou la cession d'assurance échappe-t-elle aux règles générales ? Non. Certes, le doute n'est pas possible lorsque la cession est faite à titre gratuit ; lorsqu'elle est faite à titre onéreux, une question peut se poser ; la cession suit le sort des actes, non plus à titre gratuit du failli, mais le sort des actes à titre onéreux.

La suspicion qui s'attache aux actes accomplis par le failli et l'annulation qui est la conséquence de cette idée a, avec l'action paulienne, une origine commune. Comme elle, elle se justifie par une présomption de fraude ; est-ce à dire cependant que l'on puisse confondre l'action paulienne avec la possibilité pour les créanciers de faire annuler les actes du failli ? Non. Lorsque les créanciers agissent en vertu de l'action paulienne, il leur est nécessaire, pour réussir, d'apporter la preuve de la fraude de leur débiteur; au contraire, lorsque les créanciers agissent en vertu de l'article 446 du Code de commerce, la seule preuve qu'ils aient à apporter est celle de la faillite , puisque, par le fait même de la faillite, les actes incriminés ne pouvaient être accomplis par le débiteur failli. Si toutefois l'action paulienne et la possibilité de faire annuler les actes du failli diffèrent quant à la preuve, néanmoins le résultat que l'on obtient au moyen de l'une ou de l'autre paraît bien être le même. Ce que les créanciers pourront obtenir, ce seront les primes payées par l'assuré en faveur du bénéficiaire ou du cessionnaire, et de plus la valeur de rachat déjà acquise par le contrat lors de la cession.

La jurisprudence a eu à se prononcer sur l'application de l'article 446 du Code de commerce à l'attribution au bénéfice de l'assurance.

Le Tribunal de Bône, le 3 novembre 1875, avait jugé que l'acte attaqué contenait donation de la valeur de l'indemnité de l'assuré au bénéficiaire désigné.

La créance d'indemnité naissait d'abord dans le patrimoine de l'assuré, pour être transférée par celui-ci dans le patrimoine du bénéficiaire; il y avait donc là une véritable donation, soumise à la règle de l'article 446.

La Cour d'Alger confirma cette manière de voir les choses, dans un arrêt du 15 juin 1876. La question se posa d'ailleurs dans une hypothèse spéciale, relativement à l'application des articles 559 et 564 du Code de commerce : lorsqu'une assurance a été faite par un mari au profit de sa femme, le syndic de la faillite du mari n'est pas fondé à en réclamer le bénéfice, le profit ayant été acquis par la femme dès le jour même du contrat; mais, comme la femme gratifiée ne peut s'enrichir au préjudice des créanciers de son mari, le montant des primes versées par le mari doit être rapporté à la masse.

Ce principe était nettement établi dans un jugement du Tribunal de Clermont-Ferrand du 21 mai 1886.

Mais on n'allait pas plus loin, et, lorsque le bénéficiaire était un autre que la femme, lorsque l'on n'était plus dans l'hypothèse des articles 554 et 559, le principe était différent. La Cour de Paris, dans son arrêt du 16 juin 1888, vint faire cesser toutes ces incertitudes. La Cour considère « que l'assurance au profit d'un tiers, stipulation pour autrui suivant l'article 1121, confère immédiatement un droit propre au bénéficiaire désigné; que, par suite, il n'y a pas transmission de ce droit de l'assuré au bénéficiaire ; qu'en conséquence, il est impossible de traiter cette hypothèse comme une cession de la créance d'indemnité ». La Cour décida, par suite, que les primes seules devaient être restituées par le bénéficiaire de l'assurance. Dans le même sens, un arrêt a été rendu le 27 mars 1888. On peut donc considérer que la jurisprudence est depuis longtemps dans cette voie.

Donc, lorsqu'il s'agit d'attaquer un acte à titre gratuit en vertu de l'article 446, on ne peut aboutir à une restitution au créancier d'une indemnité qui n'a jamais fait partie et qui n'est pas sortie du patrimoine de son débiteur.

S'il s'agit d'attaquer une cession ou une attribution à titre onéreux, on tombe sous l'empire de l'article 447. Il est nécessaire d'une part que les créanciers prouvent que celui qui a contracté avait connaissance de la cessation du paiement, et, même au cas où cette preuve est faite, la nullité est seulement facultative et ne s'impose pas au juge.

La question que nous venons d'étudier présente un intérêt particulier lorsque le bénéficiaire est la femme du failli. Les donations faites à sa femme par le mari failli sont tellement suspectes, que la loi les annule de plein droit : ne s'ensuit-il pas que l'attribution au bénéfice de l'assurance souscrite au profit de sa femme est nulle? Certains auteurs l'ont prétendu, et la jurisprudence les a suivis dans cette voie. « L'attribution, disait-on, faite à la femme à titre purement gratuit, constitue de la part du mari une vraie libéralité.

« Cette libéralité tombe sous l'application de l'article 564 du Code de commerce, qui interdit à la femme du commerçant failli le droit d'exercer, dans la faillite, aucune action à raison des avantages portés dans le contrat de mariage, article applicable, à plus forte raison, à la libéralité qui n'est pas protégée par l'irrévocabilité du pacte conjugal. » Telle est l'opinion de la Cour de Paris dans l'arrêt du 1er août 1879.

Cette opinion a été reproduite par de nombreux arrêts et par de nombreux jugements, notamment par le tribunal d'Épernay, 17 août 1882 ; le tribunal de Troyes, 27 décembre 1882 ; le tribunal de Mâcon, 24 janvier 1884, etc., etc.

Cependant, on conserva longtemps l'espoir d'un revirement de la jurisprudence ; cet espoir ne fut pas déçu : la Cour d'Aix, le 24 mars 1886, repoussa formellement les prétentions des syndics, reconnut à la femme, en cas de faillite de son mari, un droit privatif sur l'assurance, et déclara inapplicables les articles 559 et 564 du Code de commerce. La Cour de cassation n'a fait que confirmer cet arrêt et le compléter. Dans son arrêt du 16 janvier 1888,

14.

elle a décidé que, par l'acceptation du tiers bénéficiaire, le bénéfice de l'assurance lui est irrévocablement acquis, ne peut être considéré comme se trouvant dans le patrimoine du stipulant, et n'est pas plus valeur de faillite qu'il n'est valeur successorale lorsque s'ouvre l'hérédité dudit stipulant[1].

1. L'opinion de la Cour de cassation est maintenant généralement suivie. *Vid.*: Nancy, 17 janvier 1888 (D. P. 89, 2, 153) et la note de M. Boistel ; — Paris, 30 avril 1891 (D. P. 92, 2, 153) ; — Agen, 25 mai 1894 (D. P. 95, 2, 543) ; — Rouen, 6 avril 1895 (D. P. 95, 2, 545); — Civ. c., 8 avril 1895 (D. P. 95, 1, 441) ; — Douai, 10 décembre 1895 (D. P. 96, 2, 417) et la note de M. Dupuich; — Paris, 10 mars 1896 (D. P. 96, 2, 465).

DIFFÉRENTES MANIÈRES

L'assurance sur la vie est soumise aux principes généraux des contrats en matière de nullité et en matière d'extinction ; c'est pourquoi il convient de rappeler que l'assurance sur la vie prend fin, soit par l'action en nullité, soit par l'extinction.

ACTION EN NULLITÉ

En dehors des cas spéciaux imposés par la nature du contrat, ou prévus par la convention des parties, tous les cas ordinaires de nullité ou d'annulation des contrats sont applicables à celui formé pour l'opération d'assurance sur la la vie. Il est cependant certaines causes de nullité qui sont particulières à cette espèce d'assurance. Telle est par exemple, celle dont est frappée la police conclue sur la tête d'une personne déjà morte au jour du contrat: c'est là une règle analogue à celle édictée par l'art. 1974 C. civ. en cas de constitution de rente viagère[1].

---

1. COUTEAU, n° 444.— HERBAULT, n° 176.

EXTINCTION DU CONTRAT

Le contrat d'assurance en cas de décès s'éteint d'abord par la mort de l'assuré et par le payement valablement effectué par l'assureur à la suite de cette mort. S'il s'agit d'une assurance en cas de vie, le contrat s'éteint par la mort de l'assuré, survenue avant l'expiration du terme fixé pour le paiement de la somme assurée. Il s'éteint, s'il s'agit d'une assurance temporaire, par la simple expiration du temps pour lequel il a été formé ; peu importe que le décès de l'assuré, survenu après ce délai, provienne d'une maladie antérieure à l'expiration de l'assurance [1].

1. MERGER, n° 205. — VIBERT, p. 10...

TABLE DES MATIÈRES